小猛犸原创图画书

传奇之路

The Road of Legend

瞿澜◎编绘

西南大学地理科学学院教授作序

世界人文地理科普绘本

電子工業出版社
Publishing House of Electronics Industry
北京 · BEIJING

目 录
contents

前言 4

序 5

亚洲

丝绸之路
史上最传奇的商贸之路 6

海上丝绸之路
壮阔的海洋文化与贸易之旅 10

茶马古道
历经千余年的高原文明古道 15

塔里木沙漠公路
世界最长、贯穿流动沙漠的公路 18

太行山挂壁公路
惊心动魄的绝壁长廊 22

苏花公路
面朝太平洋的景观公路 27

熊野古道
林中的静谧朝圣之路 30

欧洲

香榭丽舍大街
最优雅的巴黎林荫大道 34

德国浪漫之路
历史与艺术的童话国度 39

阿马尔菲海岸公路
色彩缤纷的南意风情 43

冰岛 1 号公路
冰与火的奇妙碰撞 47

美洲

美国 66 号公路
美国东西交通的传奇大动脉 51

阿根廷 40 号国道
通向世界尽头的壮美公路 58

第五大道
世界上最繁华的大道之一 54

泛美公路
世界最长公路 63

非洲

南非花园大道
现代文明与原始自然的完美结合 67

东非大迁徙之路
壮观的野生动物之旅 70

大洋洲

大洋路
大洋洲最雄伟的沿海公路 75

前言

“其实地上本没有路，走的人多了，也便成了路。”鲁迅在《故乡》中这样写道。自古以来，人类被探索新边界的渴望驱使着，远离故土，勇敢地踏上未知的征程。地球上原本是一张空白的地图，在一代代探险家的不懈努力下，如今形成了七大洲纵横交错的庞大路网。这些先驱者为后人铺平了道路，我们现在的探索亦将为未来的人们留下宝贵的参考。

这本书为你介绍了一些闻名于世的道路。这些路不仅包括郊野中的公路、城镇的街道，还有历史上存在过的古道、海上航道，甚至动物们迁徙的路径。有的劈山斩谷，在不可能中铸就生路；有的悬在峭壁，直面大海无畏风雨；有的力破国界、政见、利益之争，为彼此交流架起桥梁。

我们耳熟能详的丝绸之路，既是古代商贸的要道，也是文化、艺术和知识的交会之路。如今，在新的历史背景下，丝路又焕发出崭新的生机。香榭丽舍大街的浪漫迷人、66 号公路的往日情怀，它们的鼎鼎大名激发着人们的遐想。还有一些可能不那么为人熟知的路，如南非的花园之路，让人领略现代文明与原始自然的碰撞之美；世界上最长的泛美公路，几乎从南极到北极，见证着南北美洲的壮丽景色和独特的人文色彩。

人们常说，旅行的意义在于沿途的风景。即便此刻你不能马上背起行囊，但向未知敞开心扉，徜徉在书中描述的道路，同样能感受到来自不同风景和文化的心灵震撼。道路将世界各个角落的人连接在一起。你准备好了吗？让我们一同踏上这段传奇之路，去探索世界上许多充满奇迹与历史的地方，去发现那些蕴藏在每一条道路中的精彩故事吧！

序

本书详细介绍了亚洲、欧洲、美洲、非洲和大洋洲的著名道路。书中每一条道路都拥有其独特的历史背景、文化意义和自然景观，它们不仅连接着不同的地理区域，也连接着不同的文化和民族，共同绘制出人类文明的丰富多彩画卷。该书内容引人入胜，语言生动优美，并配有精美插图，符合当代青少年的阅读偏好，可激发他们的思考，拓宽知识视野，探索世界的奥秘。此外，《传奇之路》也是一本非常适合家庭亲子共读的科普书籍。

西南大学地理科学学院教授

丝绸之路

史上最传奇的商贸之路

丝绸之路

The Silk Road

广义上的丝绸之路是贯穿欧亚大陆的贸易和文化交流路线的总称，这些路线自上古时期陆续形成。狭义上的是指陆上丝绸之路，始于西汉时期。汉武帝派张骞出使西域，开辟了这一路线，起点为都城长安（今陕西西安），经中亚国家，穿越阿富汗、伊朗、伊拉克、叙利亚等地，最终到达地中海沿岸的罗马，全长约 6440 千米。

丝绸之路是连接亚欧大陆的重要通道，更是古代东西方文明的交会之路。这条贸易路线以丝绸为最著名的代表商品，也包含马匹、玉石、器皿、皮革、香料等多样商品。它不仅推动了物质贸易，还促进了不同文化间的交流。历史上，游牧民族、商人、外交家、士兵和教徒沿此路线活动，带动了各地语言、宗教和文化的相互影响，同时促进了科学、艺术、文学和技术知识的共享，造纸术和印刷术便是通过丝绸之路在世界范围内得到传播的。

1877 年，德国地质地理学家李希霍芬在其著作《中国》中首次使用了“丝绸之路”这一术语。这个名称很快得到了学术界和大众的广泛接受，此后被正式应用。2014 年 6 月 22 日，中国、哈萨克斯坦和吉尔吉斯斯坦三国共同申报的“丝绸之路：长安—天山廊道的路网”被列为世界文化遗产，这是首个通过跨国合作成功申遗的项目，标志着丝绸之路历史和文化重要性的国际认可。

漫漫长路

丝绸之路（简称丝路）由众多商道组成，它们并不限于特定道路，而是根据商人的需要，穿越东欧、中东、中亚和远东等多个地区，这些路线随着时间和地缘政治环境的变化而发展。陆上丝路通常分为三个主要段落，某些路段又细分为南、北、中多条线路。

东段起自长安，经武威、张掖至敦煌，然后到玉门关、阳关。

中段从玉门关、阳关，穿过塔里木盆地至葱岭（帕米尔高原），线路随着绿洲和沙漠的变迁而时有变化，“西出阳关无故人”道出了这千余里丝路的荒凉。

西段则从葱岭向西，穿过中亚、西亚，直至欧洲。

商队

漫天的黄沙中，长长的驼队蜿蜒前行，构成了丝绸之路的经典画面。被誉为“沙漠之舟”的骆驼，因其寻找水源和预警风暴的能力强，成为商队主要的交通工具。商队往往甚为庞大，有的多达 500 人，成员身份多样，除了商人，还有向导、护卫、工匠、官方使者、教徒等。唐玄奘取经时就经常与商队同行。丝绸之路上的驿站为商队提供了休息和补给的场所，也成为人们进行货物交换、贸易和文化交流的平台。

张骞

张骞，字子文，西汉时期的旅行家和外交家。建元三年（前 138 年），张骞奉汉武帝之命首次出使西域，率领 100 多人，由甘父做向导，打通了长安通往西域的道路。途中，张骞被匈奴俘虏并囚禁长达十余年，但他坚守气节，最终成功回到长安，并带回了大量关于西域的珍贵资料。元狩四年（前 119 年），张骞再次出使西域，进一步促进了中原与西域各国的交流和联系，开创了中国外交史上的新纪元。

君士坦丁堡

君士坦丁堡(现伊斯坦布尔),始建于公元前7世纪,曾是东罗马、拜占庭和奥斯曼三大帝国的首都。公元330年改名为君士坦丁堡,1453年被奥斯曼帝国占领后更名为伊斯坦布尔。这座城市位于亚洲和欧洲的交界处,是丝绸之路亚洲段的终点,它的独特地理位置使其成为政治、宗教和贸易的中心。君士坦丁堡的圣索菲亚大教堂是拜占庭建筑艺术的杰作。丝绸之路贸易的繁荣带来了丝绸技术,推动了城市的经济发展,使之成为东西方商品交换的重要枢纽。

喀什

喀什是一个历史悠久的城市,曾是东汉班超经营西域时的大本营,也是唐代安西四镇之一。唐玄奘西天取经时,在此留下足迹。这里是古丝绸之路南道、北道、中道的交会点,与中亚、南亚、西亚乃至欧洲的通商历史深厚,长期以来一直是国际商埠,以其繁荣的商贸活动和“货如云屯,人如蜂聚”的景象闻名,有“东方开罗”之称。

长安

长安位于关中平原中部,是中国历史上建都时间最长、影响力最大的都城。这座城市见证了周、秦、汉、隋、唐等13个朝代的辉煌。作为中华文明的发祥地,长安对中国历史和文化产生了深远影响。在西周时期,这里成为文化和军事的中心。在西汉时期,以长安为起点,开辟了丝绸之路,极大地促进了东西方的交流。到了唐朝,长安达到了其政治和文化的鼎盛时期,形成了令人瞩目的大唐盛世。

撒马尔罕

撒马尔罕是乌兹别克斯坦的一座古城,意为“肥沃的土地”,是中亚最古老的城市之一,拥有2500年的悠久历史。这座城市连接了波斯、印度和中国这三大古代帝国,是丝绸之路上的重要枢纽,被称作“古丝绸之路明珠”。它曾是帖木儿帝国的首都,以华丽的建筑著称,连征服者亚历山大大帝都对这座城市的壮观赞叹不已。2000年,撒马尔罕古城被联合国教科文组织评定为世界文化遗产,城内保留着许多帖木儿时期的宗教和文化建筑,以及完好的传统低层住宅。

敦煌

敦煌位于甘肃、青海、新疆交会处,是丝绸之路的“咽喉”,也是中原王朝对西域的主要经营基地。它以莫高窟的壁画、月牙泉的绿洲、玉门关的历史遗迹和雅丹地质公园的自然奇观闻名于世。自汉朝以来,丝路上的商贾、使节和僧侣聚集在此,学习别国的语言和风土人情,交易货物,敦煌也成了丝路上最大的通商口岸和国际贸易市场。随着唐代中期中国经济和政治重心的南移,陆上丝绸之路逐渐衰落,敦煌也失去了往日的繁荣。

海上丝绸之路

壮阔的海洋文化与贸易之旅

郑

海上丝绸之路

Maritime Silk Road

海上丝绸之路的历史源远流长，其雏形可追溯至秦汉时期。据《汉书·地理志》记载，西汉时这条通道已经形成，连接中国与南海诸国。唐代中期，由于陆路的战乱和经济重心的转移，海上丝绸之路取代陆上丝绸之路，成为中外贸易的主要交流通道。宋代时，造船技术和航海技术的发展，尤其是指南针的应用，显著增强了中国商船的远航能力。宋朝政府采用重商主义政策，并制定了一部系统性较强的外贸管理法则，使得海上丝绸之路达到鼎盛时期。海上丝绸之路不仅是商品交换的途径，也成为文化、知识、技术交流的重要渠道。明清时期，尽管存在海禁政策，民间对海上贸易的热情依然高涨，特别是华人在东南亚地区的贸易活动，进一步加强了中国与周边国家和地区的经济和文化联系。

《新唐书·地理志》中记载的“广州通海夷道”是海上丝绸之路的早期称谓，这一航线全长约1.4万千米，连接了100多个国家和地区，是当时世界上最长的远洋航线。这条路线分为两部分：南海海上丝路从中国东南沿海起航，向南穿越南海，经过马六甲海峡，进入印度洋和波斯湾，延伸至东非和欧洲；东海海上丝路则从北方沿海通过东海前往日本、朝鲜。

隋唐时期，通过海上丝绸之路运送的大宗商品主要是丝绸、瓷器、茶叶和铜铁器，而从外国输入的商品主要为香料和花草等供宫廷欣赏的奇珍异宝。到了宋元时期，瓷器逐渐成为主要贸易商品，因此这条路线也被称为“陶瓷之路”。同时，由于货品中有相当一部分是香料，它也被称作“海上香料之路”。

郑和下西洋

郑和下西洋是明代初期（1405—1433）的七场大规模远洋航海。奉明成祖之令，郑和率领的船队拜访了西太平洋和印度洋周边的30多个国家和地区。郑和的船队规模庞大，包括240多艘海船和27400名船员。他们的航线覆盖了东海、南海、泰国湾，穿过马六甲海峡，绕过整个南印度，到达阿拉伯海和波斯湾，并从亚丁湾进入红海，甚至远航到东非。《郑和航海图》是世界现存最早的航海图，他使用《海道针经》结合过洋牵星术，在当时世界上属于最先进的航海导航技术。

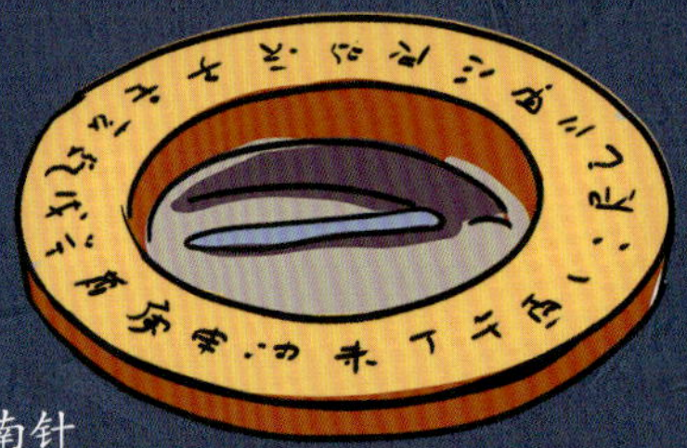

指南针

霍尔木兹

霍尔木兹，在汉文文献中又称“忽鲁谟斯”，古波斯语中意为“光明之神”。霍尔木兹位于波斯湾，是中世纪最重要的海港之一。它在伊利汗国的合赞汗时期达到了繁荣的顶峰，曾与元朝有频繁交往。13世纪初，马可·波罗造访过霍尔木兹。此地还发现了大量元、明、清代的中国瓷器碎片，印证了霍尔木兹曾是海上丝绸之路的重要商贸据点。

古里

古里，即现代的卡利卡特，位于印度半岛西南海岸的喀拉拉邦。这里地理位置优越，有众多天然良港，曾是东方与西方贸易的重要中转站。特别是在郑和下西洋期间，1406年冬，郑和的船队到达卡利卡特时，其庞大的船队规模在当地引起了极大关注。卡利卡特曾作为郑和船队的补给基地，为其西行至阿拉伯海和非洲海岸的旅程提供物资支持。这里的贸易促进了中国丝绸、瓷器和科技与西方的交流。

泉州

泉州原是一座名不见经传的沿海小城，三国时期，吴国在此设立县治，泉州逐渐发展成为经济繁荣的城市。到了宋代，随着海外贸易的兴起，泉州迅速成为重要的港口。元代海外贸易极盛，“千帆竞发刺桐港，百舸争流丝绸路”，被称为“刺桐港”的泉州一度超越广州，成为“东方第一大港”。然而，元末的战乱和明清两代的海禁政策，使泉州的经济和社会遭受重创，港口地位逐渐衰落，许多商人携带财富随之转移到其他更安稳的地区，泉州从繁荣走向衰退。

宁波

宁波，历史上称为明州，位于中国海岸线中段，以便利的内陆交通和优越的地理位置成为运河和海上丝绸之路的交会点。两浙的丝绸、龙泉窑瓷器等举世闻名，这些产品就通过明州远销海外。在唐宋年间，中国商团由明州启程，来往日本多达数百次。

占城

占城位于今天的越南河静省至平顺省，是一个历史悠久的古代王国，存在了约 1500 年。中国历史文献中对占城有着详细的记录，特别是在宋代，占城与中国的交往非常频繁。占城的主要进贡产品包括大象、香料等。其中，对中国影响深远的是占城稻，这种旱稻良种在唐末和五代初期被引入中国福建沿海地区，对当地的农业产生了重要影响。

广州

广州历史悠久，是海上丝绸之路的发祥地。自秦汉时期起，广州（时称番禺）就成为南越国的国都和岭南地区的中心，是南海北岸的主要港口和舶来品集散中心。汉武帝平定南越后，便开始派遣使臣前往南海各国，逐渐打通了东西方的海上丝绸之路。唐代时，广州设立市舶使，专门管理海路邦交和贸易，宋、元、明时期延续了这一制度。宋代的海上丝绸之路航线更是扩展至现在的西班牙南部。但到了明清时期，海禁政策限制了对外贸易。1757 年，清朝将对外贸易限定在广州，形成“一口通商”的局面，持续了近百年，直至鸦片战争后的五口通商政策出台。

马六甲海峡

马六甲海峡自隋唐时期起便是重要的海上通道，尤其在唐朝，与波斯和阿拉伯的紧密贸易关系促进了南方大港（如广州）的发展，使马六甲海峡进入“千舶万艘、交互往还”的繁荣期。唐代地理学家贾耽在《皇华四达记》中介绍了这条航线的优势。唐代高僧义净西行求法也是通过此海峡。郑和七下西洋中有五次经过马六甲海峡，对当地影响深远，包括传授造船技术和农业知识。后来数百年间，马六甲海峡先后落入葡萄牙、荷兰和英国殖民者之手。

茶马古道

历经千余年的高原文明古道

茶马古道

Tea Horse Road

茶马古道是可与“丝绸之路”相媲美的中国古代商业路网，是多民族政治、经济、文化往来的重要平台。茶马古道路网中的古道路遗址、驿站、桥梁码头、矿冶遗址和窑址、碑刻等众多文物点都被列为全国重点文物保护单位。

中国西南部气候适宜茶叶生长，而且茶经过压制，方便运输和储藏，这为马帮将茶叶运入藏区提供了条件。而西藏高原地区，游牧人民由于“其腥肉之食，非茶不消；青稞之热，非茶不解”，而将茶作为生存的必需品。自唐代起，这种贸易关系主要是以内地的茶与藏区的马进行交换，因此被称为“茶马互市”，随之开通的商道被称为“茶马古道”。这个路网遍布云贵和青藏两大高原，横跨金沙江、澜沧江、怒江及雅鲁藏布江等大江流域，纵横 20 多个经度、10 多个纬度，再延伸至南亚次大陆。

自唐朝以后，茶马古道不仅是互利互惠的贸易通道，也是维护西南地区安全以巩固国家政权的重要途径。通过茶马互市，汉、回、藏、蒙古等各民族紧密联系在一起，形成了经济上的相互依赖关系。在抗日战争最艰苦的时期，通往中国战区的通道被切断，直达中印边境帕克里口岸的茶马古道为国际援华物资的运送发挥了关键作用。

主要线路

南北向的滇藏茶马古道主要依赖马帮进行驮运，而东西向的川藏茶马古道主要依赖人力进行背运。这两条线路在昌都会合，同时还有大小支线遍布滇川藏大三角区域，形成一个蛛网般的路网。整条古道漫长而危险，沿途的海拔多在 2000 至 5000 米，穿越雪山、深谷和大河之间，很多路段甚至不足一米宽。整个运输过程中面临着恶劣的气候、野兽和土匪的威胁。一支马帮在香格里拉和拉萨之间走一个来回，需要整整一年的时间。

马帮

在马帮中，头领被称为“马锅头”，负责布局和指挥整个马队的工作。马帮用的驮马为西南地区矮小却极有耐力的山地马。每个赶马人负责 3 到 5 匹驮马，并配备武装保卫人员，携带武器，用于防范野兽和山野匪盗。马帮走过的城镇、街巷两旁都是马店，为南来北往的马帮和商人提供住宿、存放货物以及马匹的相关服务。

拉萨

拉萨是西藏自治区的首府，是世界上海拔最高的城市之一，也是藏传佛教的圣地。它是茶马古道的神经中心，中国、印度的商贾在此进行茶、马、盐等商品的交换。

公元 7 世纪，松赞干布统一全藏，将政治中心从山南迁至拉萨。为了迎娶文成公主，他兴建了占地面积 36 万余平方米、高达 117 米的布达拉宫。这座红白相间的宏伟建筑，是世界上海拔最高的集宫殿、城堡和寺院为一体的综合建筑。

蒙顶山

蒙顶山是世界茶文明的发祥地，是中国历史上有文字记载人工种植茶叶最早的地方。早在西汉时期，茶祖师吴理真就在蒙顶山开始了人工种茶的历史。到了唐代，蒙顶山的茶叶已经声名远扬，成了皇家的贡茶。白居易曾在《琴茶》诗中写道：“琴里知闻惟渌水，茶中故旧是蒙山。”

雅安

为了加强对茶马互市的管理，宋王朝在唐代以来实行的茶马互市政策的基础上，专门设立茶马司。四川雅安名山茶马司，地处川藏茶马古道源头，是现今唯一遗存的茶马司，设立于宋代。

昌都

昌都坐落在群山怀抱中，是从四川和云南入藏的门户，为“茶马古道”的重要节点，藏语意为“水汇合处”，地处三河一江地区（昂曲河、扎曲河、色曲河、澜沧江）。藏族史诗《格萨尔王》中，记载了格萨尔与姜巴人为争夺食盐而在这里交战的事情。吐蕃时期，昌都是“东女国”和苏毗王国的所在地。昌都是康巴文化的发源地，康巴人融合了黄河文化、巴蜀文化的精髓，并吸纳了来自云南的多元民族文化的影响，在语言、建筑、民俗等各个层面，均展现出与其他藏区文化的鲜明差异。

普洱

牧民以肉食为主，日常需要大量消耗茶，但由于居无定所，因此他们更青睐容易携带的紧压茶。宋代以后输入藏地的茶叶被称为“边茶”，一般采用老茶叶，经过发酵，舂压成块状或饼状。产于云南普洱府的普洱茶就是其中的代表，它防潮性能优异，方便运输和储藏，而且香味浓郁，滋味醇厚。

塔里木沙漠公路

世界最长、贯穿流动沙漠的公路

塔里木沙漠公路

Tarim Desert Highway

沙漠奇迹

塔里木沙漠公路是一项令人叹为观止的工程壮举。它的修建始于1993年3月，两年半后竣工。在修建过程中，数百名专家和技术人员不辞辛劳，攻克了在流动沙漠中修筑高等级公路的世界级难题。

这条公路南北对穿了被称为“死亡之海”的塔克拉玛干沙漠，极大地缩短了南北疆之间的路途，为加快塔里木盆地油气勘探开发，促进新疆经济发展和南北疆交流发挥了重要作用，也为沙漠探险旅游创造了条件。

固沙工程

在沙漠里修建公路可不容易，由于多风，每年沙丘都会移动约20米。公路修建之初，建立了草方格、高立式沙障等机械防沙措施，保证了沙漠公路早期的安全和畅通。但随着时间的推移，风沙掩埋、沙丘前移，早期的固沙草方格已经不能很好地保护公路了。

专家们经过多年的研究试验和植物选种，采取了生物防沙的措施。在主公路两侧种植红柳、沙枣等防风固沙植物，林木带宽70多米、长400多千米，有效阻隔了流沙对公路的反复侵扰。

为了确保这些植物茁壮成长，每隔4千米钻凿一眼水井，抽取地下水进行点滴浇灌。200多名绿化工作者常年驻守在沿线一百多个水井房，和百余名道路养护人员一起守护着这条公路和它的绿色屏障。正如公路一侧沙坡上的标语所言：“只有荒凉的沙漠，没有荒凉的人生！”

零碳沙漠公路

2022年，塔里木沙漠公路零碳示范工程建成投产。86座光伏电站分布在生态防护林带，年发电量超过300万千瓦时，完全可以满足生态防护林每天的灌溉所需，彻底告别柴油机发电灌溉历史。而且沙漠公路两侧的植物每年吸收二氧化碳2万余吨，可以中和过往车辆的碳排放，成为我国首条名副其实的零碳沙漠公路。

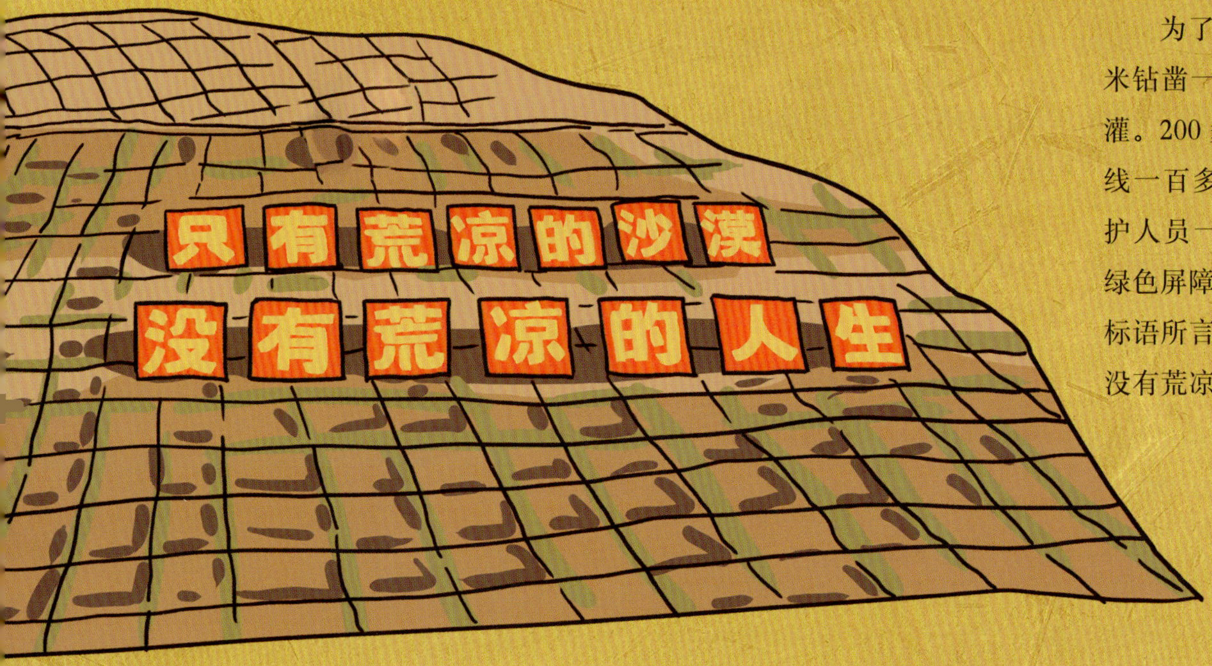

轮台县

这条公路的起点是新疆巴音郭楞蒙古族自治州的轮台县，这个地方曾经是汉代西域三十六国之一的轮台国的所在地，古称“乌垒”。汉朝时期的西域都护府治所就在轮台县境内。汉武帝曾写下自省文《轮台罪己诏》。

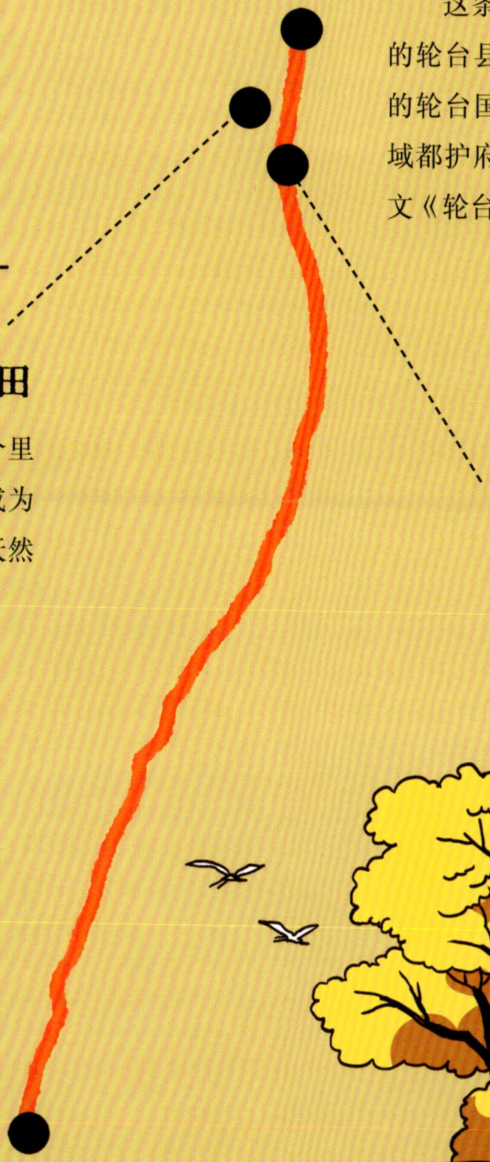

轮南油田

1992 年，轮南 2 井正式开始投产，成为塔里木石油会战中的一个里程碑。2002 年，轮南油田实现了连续十年年产百万吨。如今轮南已成为塔里木石油勘探开发的交通要道，以轮南镇为起点，将产自塔里木的天然气“西气东输”，保证了东部沿海省市的能源需求。

塔里木胡杨林国家森林公园

胡杨是一个古老的树种，树龄可达 300 年，它耐寒、耐旱、耐盐碱、抗风沙，是唯一能在沙漠成林的高大树木。每年深秋时节，胡杨的叶子会变成金黄色，就像热烈的火焰一样，为大漠增添了美丽的色彩。

塔里木胡杨林国家森林公园位于塔里木河中游、沙漠公路 70 千米处，是世界上面积最大、保存最完整、最原始的胡杨林保护区。在这里，成片的胡杨树争相生长，树高约 10 米，常见两三株合抱在一起的连体胡杨树，形成了壮观的景象。野骆驼、马鹿等野生动物在林间自由栖息，天鹅、大雁等水鸟在水面上翱翔，为大自然注入了生机和活力。

民丰县

塔里木沙漠公路的终点位于新疆和田地区的民丰县，这里是汉代西域三十六国之一的精绝国的所在地，考古界把它称为“东方的庞培”。水去、人空、路亡，古国早已不复存在。民国时期才在此设置了民丰县。

注：此页标示的是塔里木沙漠公路中最早的一条——轮台至民丰沙漠公路。

太行山挂壁公路

惊心动魄的绝壁长廊

太行山挂壁公路

Taihang Tunnels

八百里太行山，巍峨壮观。它北靠燕山，南接秦岭，是华北平原和黄土高原的天然地理分界。其东西两侧地势迥然不同，连接山西高原的西侧山势较为平缓，濒临华北平原的东侧山势则较为险峻。尤其在南太行区域的许多地段，由于地壳运动，形成很多明显的断层岩壁，这些笔直如削的陡峭绝壁矮则数十米，高的可达近千米。在过去的千百年里，这些陡峭绝壁一直是山区居民出行的巨大障碍。为了改变这一局面，太行山的村民在悬崖峭壁上先后开凿出了七条通往外界的公路——挂壁公路。

挂壁公路的建设原理类似于半个隧道，但与隧道不同的是，它的规模更小，造价更低，可以根据山体的具体情况进行灵活布线，且不需要复杂的支护结构。这种建设方式要求工人们一步一步地向前开凿，力克坚硬的山岩。虽然这种方式极为艰难和耗时，但它可以最大限度地减少对山体的破坏，降低安全风险。而自然的通风与采光，使它的能耗也远远小于公路隧道。

这些挂壁公路终于解决了山区的交通难题，为村民们带来了脱贫致富的机会，同时将大山的壮丽景色呈现在世人面前，其自身也成了一道靓丽的风景线。

维护

几十年来，道路施工技术发生了翻天覆地的变化，对挂壁公路的升级改造也采用了现代化的手段，让这些古老的挂壁公路得以焕发新生。比如向洞顶喷射特殊混凝土就是一项技术革新。使用这种技术，只需短短几个月就可以完成整条挂壁公路的加固工作，大大提高了施工效率。现代勘测技术、岩土力学计算软件等现代化工具和手段，为工程师们提供了更多的信息，使他们能够更精确地评估公路的薄弱区域和重点区域，帮助他们决定哪些地方可以安全扩建，哪些地方需要额外加固。现代技术的应用为挂壁公路的维修和改造提供了强大的支持，使这些道路能够继续发挥重要作用，同时保护了它们的历史价值。

自北向南，它们分别是：

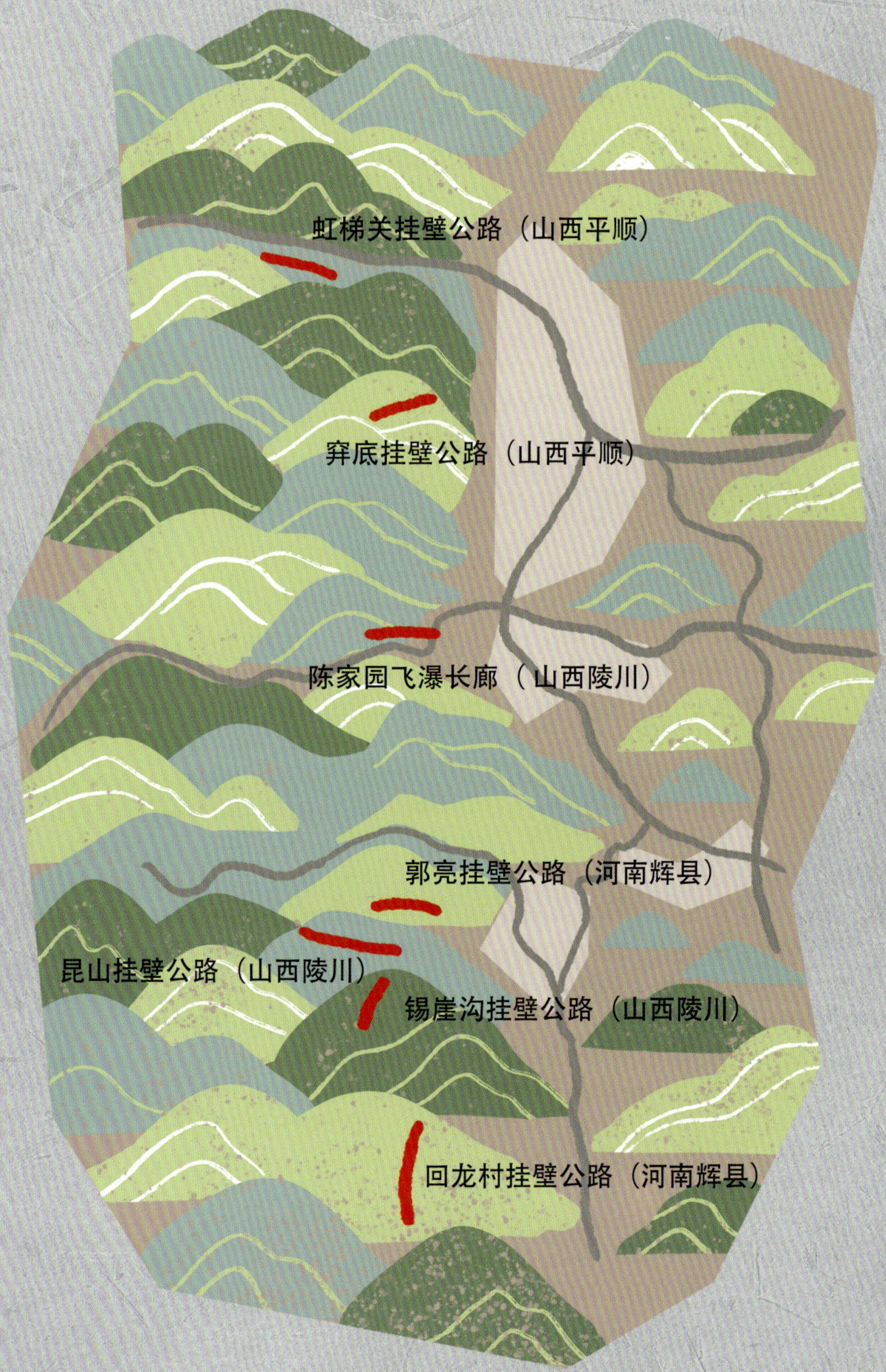

虹梯关挂壁公路

虹梯关位于晋豫古商道，为山西的“八大古关”之一，号称“一夫当关，万夫莫开”。虹梯关挂壁公路修建于1968年，在当时资源极其匮乏的条件下，苿（fú）兰岩乡800多名村民吃住在工地，用最简陋的工具，在山崖中挖涵洞，劈山岭，填大沟，奋战6年，打通了这条悬崖上的挂壁公路。虹梯关挂壁公路沿途到处飞瀑清泉，景色壮美，隧道内未经任何雕饰，因此有太行山最狂野、最原始的挂壁公路之称。

郭亮洞

郭亮洞又称郭亮村绝壁长廊，始建于1972年，1977年完工。郭亮村位于海拔1700米的高崖上，三面环山，一面临崖，村民世世代代过着隔绝孤立的生活。20世纪70年代，村民自发卖掉山羊、山药，集资购买钢锤、钢钎。没有电力，没有机械，被称为“十三壮士”的郭亮村村民，打烂了约4000把铁锤，耗时五年，一寸寸地在绝壁中凿出一条全长约1300米的长廊，终于把郭亮村和外面的世界连在一起。长廊的一侧是坚固的山体，外侧开凿有35个天窗，施工中的排渣作业及建成后的通风采光就靠它们了。从远处看，这些窗口勾勒出长廊的走向。在宏伟的山脉和峡谷包围下，这条山路本身成就了一道奇景，展示了人类挑战自然时的勇气和坚持。

锡崖沟挂壁公路

太行山挂壁公路的先驱非锡崖沟挂壁公路莫属，由“现代愚公”——锡崖沟村民奋战了30年才告建成。锡崖沟村地处万丈深谷，村人历来自给自足，与世隔绝。从20世纪60年代起，锡崖沟开始了漫长的修路历程。20年间修了三条失败的路：一条三年只凿一千米，却把山上的狼引下来的“狼道”；一条半截的穿山隧道，废弃后成了“羊窑”；还有一条毛驴勉强能通过的“驴道”。锡崖沟人并没有气馁，他们请来专家测量设计，制定了从悬崖顶端曲折三层、“之”字形隧道的施工方案，又花了10年苦工，腰绑麻绳，手持钢钎、锤子，最终成功开通了这条长达7.5千米、直通谷底的公路，汽车终于能进出锡崖沟了。

苏花公路
面朝太平洋的景观公路

苏花公路

Suhua Highway

苏花公路，坐落在台湾省的东海岸，是一条风景如画的省道。这条公路北起宜兰县苏澳镇，南至花莲县花莲市，东临太平洋，西靠中央山脉，蜿蜒沿海而建，沿途有险峻的悬崖绝壁、蔚蓝的海水、美丽的沙滩。

苏花公路的历史可追溯到清朝同治年间，由钦差大臣沈葆桢督办修建，时称“北路”。然而，由于原住民的抵制及陡峭山道的维护困难，这条苏花古道逐渐消失在茂密的山林之中。在台湾日据时期，这条公路再次进行了修复。但由于条件有限，道路非常狭窄，车辆交会只能依靠山崖边的空地。第二次世界大战后这条公路正式命名为苏花公路。直到 20 世纪 90 年代末，这条公路才全线扩建成双向双车道。

尽管苏花公路以其美丽的风景闻名于世，但也曾被称为“死亡公路”。从前，大量装载沙石的货车行驶在这条曲折蜿蜒的公路上，稍有不慎，就可能滚入几百米下的太平洋中。地震、暴雨等自然灾害更是令路况雪上加霜，导致岩层出现裂缝，塌方和落石事故并不鲜见。2010 年之后，为了确保人们的安全，苏花公路进行了改造，新的“苏花改”避开了危险的路段，自驾游者和巴士乘客从此无须担心山石崩塌和路面坍塌的危险，可以尽情欣赏大自然的鬼斧神工。

太鲁阁公园

苏花公路穿越了太鲁阁公园，这座公园是台湾最受欢迎的自然保护区之一，以其奇特的峡谷、壮观的悬崖和多样的生物群落而闻名。太鲁阁意为“山腰的平台”“可居住之地”，生活在这里的原住民为太鲁阁人，他们居住在崇山峻岭中，以山林为家，视土地为命。面对日本的入侵，太鲁阁人曾经进行了长期艰苦卓绝的抵抗，20 世纪台湾本岛最大的战役就是发生在 1914 年的太鲁阁抗日战役。当时太鲁阁人没有现代化的武器，没有完善的军事训练，硬是靠着传统的打猎技术，活用地形，使用埋伏突袭等灵活战术，历经三个月而终获胜利。

靳珩公园

靳珩公园位于九曲洞及燕子口之间，此段道路开凿时因地势险恶，造成许多人员伤亡。1958 年，段长靳珩在一座桥上被落石击中，坠落溪谷而殉职。为了纪念他，人们将新建的桥命名为靳珩桥，并在桥旁建靳珩公园。《靳珩段长殉难碑记》如此记叙道：“人类个别之生命必有限，惟社会公共之事业能无穷，而事业必创造于生命，故惟能镕铸其生命亦无穷也。”

燕子口

燕子口是位于台湾太鲁阁峡谷中的一段大理石峭壁，是大自然鬼斧神工的杰作。两岸的峭壁在流水作用下被溶蚀成许多小孔穴，燕子便以这些小洞为巢，飞来飞去地觅食，形成“百燕鸣谷”的奇观，故名“燕子口”。

苏花公路安魂碑

2010年10月21日，苏花公路南澳乡路段因台风梅姬引发暴雨，遭遇了严重的土石崩塌，导致约30辆车和超过500人受困，26人遇难。这一事件促使苏花公路改善计划通过环评，并于2011年1月开始实施。同年12月，在苏花公路114.2千米处的观景台新建了“苏花公路安魂碑”，以纪念在这场灾难中罹难的民众。

清水断崖

清水断崖坐落于台湾花莲县太鲁阁公园内，为台湾十景之一。由片麻岩和大理石组成的坚硬石崖几乎垂直地插入太平洋海岸，高近千米，千万年来傲然屹立在宝岛台湾东岸，抵挡着太平洋汹涌而来的狂风巨浪。修筑于半山腰上的公路则宛如一条空中走廊。仰望断崖峭壁，俯视汪洋大海，令人叹为观止。

七星潭

七星潭又称月牙湾，是濒临太平洋的弧形海湾，由大大小小的砾石所铺陈。地质上属陡降型沙滩，常有“疯狗浪”，为全台十大危险海域之一。因黑潮流过台湾东部，带来各种洄游的鱼类资源，因此此处也是花莲定置渔业（通过设置渔网、插网、笼壶类渔具等固定的渔具进行捕捞）发达兴盛之地。

熊野古道

林中的静谧朝圣之路

熊野古道

Kumano Kodo

熊野古道全长1000多千米，沿途有多处神社和寺庙，是世界顶级的徒步路线，也是世界仅有的两处被列入世界遗产的参拜道之一。熊野被日本人视为“神灵的居住地”，千百年来，无论是天皇贵胄，还是平民百姓，都在这里进行着朝圣和祈福之旅。

熊野古道位于大阪以南的纪伊半岛，横跨和歌山、三重和奈良三个县。它并不是一条单一的步道，而是一个道路网，每一条路线都具有独特的自然景观和文化特色，蜿蜒于葱郁的深山密林之间。路边的指示牌清晰地提示了每一段路线的难易程度和所需时间，因而适合不同体力和兴趣的游客。

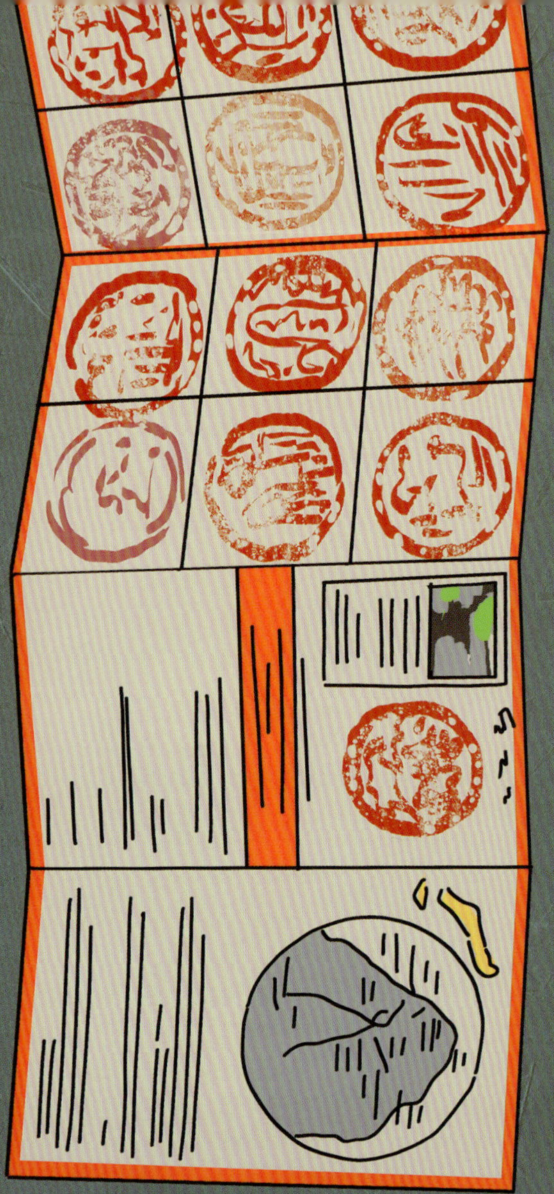

熊野古道踏破证书

在熊野古道上不仅能欣赏到壮丽的自然景观，还可以参拜历史悠久的神社和寺庙。沿途的押印所是一大亮点，你可以在这里打卡盖章，每个印章代表着你成功抵达了不同路段，同时也象征着你的勇气和毅力。集齐所有印章后，即可获得由和歌山县政府颁发的“熊野古道踏破证书”。

汤之峰温泉

汤之峰温泉是日本最古老的温泉，有1800多年的历史，因多位高僧和退位天皇在前往熊野参拜途中曾在这里净身休憩而闻名于世。人们相信“浴此汤人万病消除”，日本民间传说中著名的小栗判官，就是因为泡了这里的温泉而复活的。

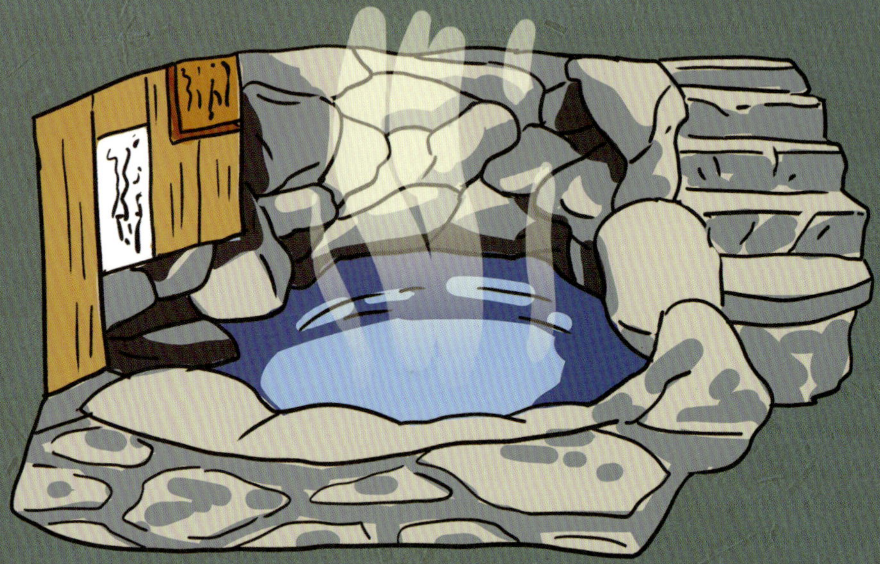

九十九王子

熊野古道上的“王子”是指沿途建立的小神社，庇佑和引导着朝圣者，供他们歇脚用。“九十九”并不是确切的数字，而是数量很多的意思。发心门王子是熊野九十九王子中地位最高的，被视为熊野本宫大社的神域入口。除了发心门王子，还有其他几个王子社也被广泛认为是五体王子中的成员，但具体名单可能因资料不同而有所差异。这些王子社可能包括泷尻王子、继樱王子、大坂王子、大门王子等。

熊野本宫大社

熊野本宫大社是熊野三山的中心。沿着古色古香的中边路前行，最先到达的就是这里。神社的旧址在大斋原，当时曾经有五栋宽广的社殿、楼门、神乐殿和能舞台，规模是现在的好几倍。但多数社殿在 1889 年的大洪水中被冲毁。高约 34 米、宽约 42 米的日本最大鸟居巍然耸立于熊野川的河心岛之上，仿佛在默默守护着这方青山绿水。

伊势神宫

伊势神宫已有 2000 余年历史，坐落于日本三重县伊势市，为所有神社之首，深受日本民众的崇敬。这里除“皇大神宫”和“丰受大神宫”内外两所正宫外，还包括其他 125 个附属社宫。神宫主要供奉着天照大神——日本皇室的守护神，并且珍藏着代表皇权的神器八咫（zhǐ）镜。伊势神宫采用独特的式年迁宫制度，即每 20 年重建一次，以此方式保留古代建筑技艺，并保持神宫的庄严与纯净。该传统自 690 年起实行，迄今已持续 1300 多年。

中边路是日本古代天皇或贵族前往熊野三山时的官方参拜路线，是“御幸道”。小边路连接着纪伊半岛的两处圣地：高野山和熊野。距离虽然最短，但路途颇为险峻，有多处高逾千米的关隘。

那智瀑布

那智瀑布号称日本第一瀑布，瀑布落差 133 米。这座瀑布自古以来就被奉为神道教神明的居所，也是熊野那智大社和青岸渡寺修建于此的原因。

香榭丽舍大街

最优雅的巴黎林荫大道

香榭丽舍大街

Champs-Élysées

如果要选一条街道作为巴黎的形象代言，香榭丽舍大街一定当仁不让。它东起协和广场，西至戴高乐广场，全长近 2000 米，是巴黎市中心最重要的干道之一。整个大街以圆点广场为界，分为风格迥然不同的两段：东段的 700 多米为绿意盎然的林荫道，梧桐、喷泉、雕塑，勾勒出城市中心的田园风光；西段的 1000 米则是世界闻名的高级购物区，名店林立，游人如织。

香榭丽舍大街拥有双向八车道，两边各有宽 24 米的花岗岩人行道。宽阔笔直的街道让人们得以望到很远的地方：卢浮宫和玻璃金字塔、杜伊勒里花园、方尖碑、凯旋门，以及更远处的拉德芳斯新凯旋门。

香榭丽舍大街见证了巴黎众多历史性时刻和文化活动，经过 300 多年的历史洗礼，已成为集浪漫高雅与繁华潮流于一身的“世界上最美丽的漫步大道”，以其独特的魅力吸引着全球游客。

历史背景

17 世纪中叶，皇家园艺师勒诺特重新设计了卢浮宫前的杜伊勒里花园，将花园中心的小路延伸至现在的香榭丽舍圆点广场。这条道路于 1698 年被正式命名为“香榭丽舍”——希腊神话中英雄魂灵居住的天堂乐土。

19 世纪，奥斯曼男爵受命于拿破仑三世，为巴黎设计了全新的城市规划。在 18 年中，交叉路口的广场被扩建，一条条笔直宽敞的梧桐树大道将各大广场连接起来，大道两旁建起了五六层高的漂亮建筑。这种格局使城市气势更为宏伟，同时确保了交通顺畅无阻。

戴高乐广场

戴高乐广场原名星形广场，于 1899 年建成。第二次世界大战结束后，为纪念戴高乐为法国做出的巨大贡献而将其更名为戴高乐广场。它是包括香榭丽舍大街在内的 12 条主要道路的交会点。

广场的标志是凯旋门，这是一座为了纪念拿破仑一世领导下的法军打败俄奥联军而兴建的壮丽建筑，也是欧洲 100 多座凯旋门中最大的一座。它完全由石材建成，上面的雕塑记录着法国历次战争的历史，其中最负盛名的当属吕德设计并雕刻的《马赛曲》。门下有一座无名烈士墓，纪念第一次世界大战中牺牲的 150 万法国官兵。站在凯旋门的顶端俯瞰，12 条林荫大道像星星的光芒般，朝四面八方放射，巴黎的诸多标志，如巴黎圣母院、协和广场的方尖碑、埃菲尔铁塔、圣心教堂等尽收眼底，蔚为壮观。

香榭丽舍花园

香榭丽舍花园是香榭丽舍大街两侧的一组绿地，占地 137000 平方米。花园的南面是大皇宫和小皇宫，北面邻接法国总统的官邸——爱丽舍宫。它的历史可追溯到 17 世纪初，当时的王后玛丽·德·美第奇希望将这片原本是沼泽地的区域改造成花园。很快，香榭丽舍花园成了贵族和市民喜欢的社交场所。18 世纪末到 19 世纪初，花园经历了一系列的改建和装饰，逐步演变成今天的面貌。这里有英式风格的园林景观，还有剧院、音乐亭和马戏棚散布在花园内。许多巴黎人，包括文学巨匠马塞尔·普鲁斯特，都经常在这个迷人的花园里漫步，享受它带来的宁静和美丽。

爱丽舍宫

爱丽舍宫是法国总统的官邸和办公地点，作为法国政治权力的象征，已有 200 多年的历史。

巴黎大皇宫

巴黎大皇宫毗邻香榭丽舍大道，这并非是一座皇家宫殿，而是为了举办 1900 年世界博览会所兴建的。随着世博会的结束，大部分临时建筑都被拆除，唯有巴黎大皇宫和埃菲尔铁塔两座标志性建筑得以保留。现在大皇宫是一个多功能的公共展览馆，常常举办各种主题的艺术、文化和历史展览及大型节庆活动。

协和广场

协和广场位于香榭丽舍大街的东端，面积约 8.4 万平方米，是法国最大的广场。法国大革命期间，路易十五雕像被推倒，革命政府立起了断头台，路易十六和王后等一千多人在这里相继被处决。

广场的布局呈八角形，中心矗立着一座宏伟的埃及方尖碑。这座方尖碑最初位于埃及卢克索神庙的入口处，由一整块粉红色花岗岩雕刻而成。碑高 23 米，四面镌刻着象形文字，记录了埃及法老拉美西斯大帝的屡屡战功。这座方尖碑在 19 世纪由埃及总督赠送给法国，成为巴黎当之无愧的最古老建筑。

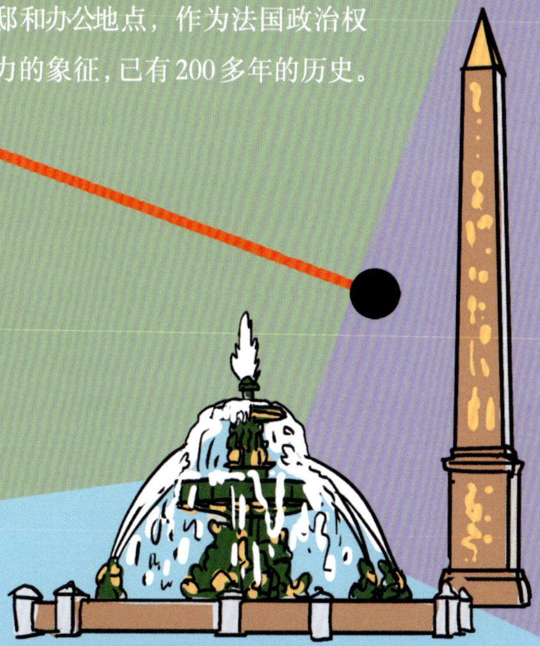

塞纳河

德国浪漫之路

历史与艺术的童话国度

德国浪漫之路

Romantic Road

浪漫之路是一条著名的旅游路线，起始于德国中南部的维尔茨堡，穿过巴登－符腾堡州的东北部，一直延伸到德国南部巴伐利亚州的菲森，全长约350千米。浪漫之路的早期历史可以追溯到罗马帝国的北扩阶段，它本是一条翻越阿尔卑斯山通向罗马的古商路，随着时间的推移，沿途出现了一系列城镇，贸易日益兴盛。但浪漫之路的现代概念是在20世纪50年代的旅游业中兴起的，旨在宣传和推广南德地区的中世纪遗产。

从美茵河谷到阿尔卑斯山，浪漫之路将如画的自然风光、保存完好的历史建筑、丰富的文化传统融为一体。在迷人的田园、葡萄酒庄、湖泊和山岳间穿行，让人心旷神怡。从初春到深秋，这里每年有各种节庆活动，人们聚集在户外或具有悠久历史的场所，品尝着香醇的啤酒和烤猪肘等特色美食，尽情享受欢乐悠闲的生活。

维尔茨堡

浪漫之路的北端起点是维尔茨堡，这座被誉为“德国维也纳”的城市坐落在美茵河畔，同时也是弗兰肯葡萄酒的中心之地。维尔茨堡主教宫建于1720年至1744年，是德国最宏伟的巴洛克式宫殿，与奥地利维也纳美泉宫、法国凡尔赛宫齐名。南侧楼的宫廷礼拜堂被认为是当时欧洲最美的教堂之一。宫殿内的壁画《行星与大陆的寓言》由威尼斯著名画家提埃波罗创作，是世界上最大的天顶湿壁画。第二次世界大战中，维尔茨堡遭受了严重破坏，所幸宫殿内的部分家具和艺术品被提前转移而得以保存。战后花费巨资和四十年时间重建，较高地还原了它的建筑风格，1981年被列为世界文化遗产。

罗滕堡

罗滕堡的德语原意为“陶伯河上游的红色城堡”，它以保存完整的中世纪风貌而闻名，被誉为“中世纪之宝”，目之所及皆为历史古迹和遗迹。这里的房子拥有鳞次栉（zhì）比的红色屋顶和五彩缤纷的外墙，这一条条彩色街道，让人仿佛置身于童话世界。

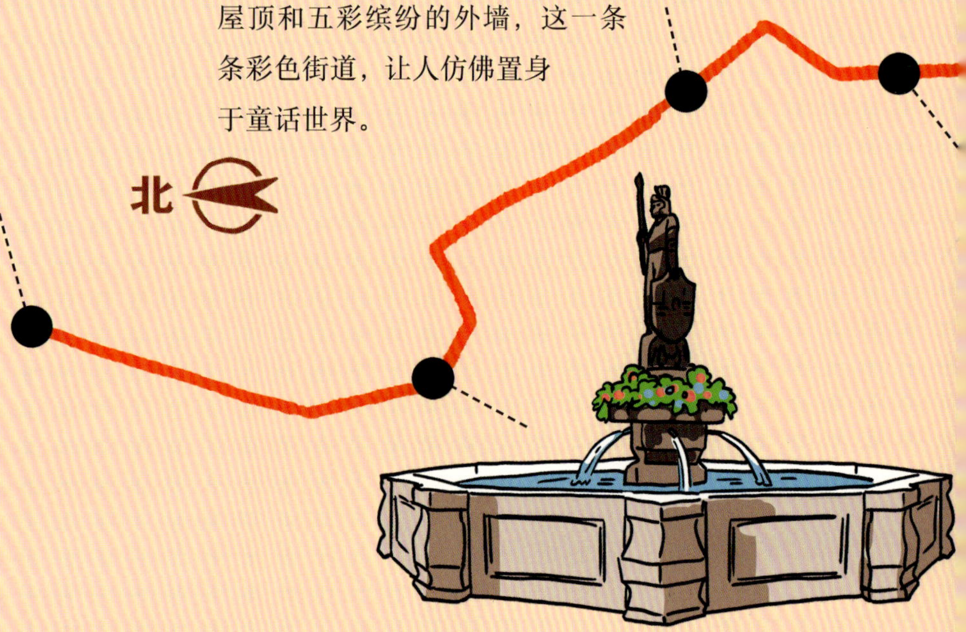

巴特梅根特海姆

19世纪初，一个牧羊人在小镇附近发现了含有能治病的矿物质的温泉，巴特梅根特海姆从此成了温泉疗养胜地。

奥格斯堡

奥格斯堡是一座千年古都，公元前 15 年，罗马帝国在这里修建了一个罗马兵营。奥格斯堡市区内有三条河流：莱希河、韦尔塔赫河、辛戈尔特河，拥有超过 500 座桥梁，比威尼斯的还要多。奥格斯堡自 14 世纪以来发展了复杂的水利系统，包含运河网络、水渠和水塔等，这一系统于 2019 年被列为世界文化遗产。

丁克尔斯比尔

丁克尔斯比尔是座田园风光十足的小镇。沿着古老的中世纪城墙漫步，可以看到满是红色鱼鳞瓦的屋顶、木结构的房子，还有一个个或圆或尖的塔楼。城墙外小桥流水，构成一幅宁静而和谐的画面。

讷德林根

讷德林根建在一个 1500 万年前形成的陨石坑中，这个大坑的直径约 1.5 千米，是世界上保存最完好的陨石坑之一。陨石的猛烈撞击使该地区原本就含有大量石墨成分的岩石在高温高压的作用下瞬间变成了肉眼几乎不可见的钻石，城内的建筑就是由这些镶嵌着数以百万计的微小钻石的陨磺砾岩建成的，因此讷德林根被誉为“钻石城”。

新天鹅堡

新天鹅堡巍然耸立于菲森附近的一座近千米的小山峰上，壮观的白色尖顶城堡，以阿尔卑斯山脉的崇山峻岭为背景，在湖光山色映衬之下，四季景色变幻，各有千秋。这座梦幻城堡是巴伐利亚国王路德维希二世的心血之作，倾注了他对浪漫典雅的中世纪的向往。新天鹅堡整体风格糅合了骑士城堡的特质，它没有配备防御工事，而是专注于奢华的装饰细节，巴洛克、哥特式、摩尔人建筑等丰富的元素随处可见。城堡建造历时 17 年，路德维希二世倾尽国库，使用了当时最先进的技术，使这座城堡成了一座令人惊叹的艺术杰作。如今，新天鹅堡已成为德国最具浪漫风情的象征。它还成了许多动画片和游戏的灵感之源，迪斯尼乐园的标志就以它为参照。

菲森

菲森位于浪漫之路的最南端，被雄伟的阿尔卑斯山脉拥抱着，以其疗养和度假胜地而闻名。

阿马尔菲海岸公路

色彩缤纷的南意风情

阿马尔菲海岸公路

Amalfi Coast

意大利南部是个让人陶醉的地方，充满了南欧风情。这里有美味佳肴、明媚的阳光、湛蓝的天空和海水、点点白帆、柔软的沙滩、悬崖上如彩色积木堆成的房子、绚丽的花园……阿马尔菲海岸公路被誉为世界上最美丽的公路之一。这条长约 40 千米的公路，从维耶特利苏玛雷一路伸展到波西塔诺，沿着地中海海岸线蜿蜒前行，穿越陡峭的悬崖边缘，连接着一系列古老的城镇和村庄。因为太受欢迎，这也成了世界上最拥堵的道路之一。这条路又狭又弯，常常挤满游客，几乎没有一段是笔直的，在这条路上驾驶，需要足够的耐心和警觉。

当地居民以渔业、农业和手工艺为生，保持着传统的生活方式，拥有多种庆典活动，例如阿马尔菲的圣安德肋节和普莱亚诺的圣热罗尼莫节。阿马尔菲海岸公路所在的坎帕尼亚大区是意大利美食和葡萄酒的天堂。这里出产著名的阿马尔菲柠檬和意大利最上等的橄榄油。你可以尝到新鲜的海鲜、当地的奶酪和葡萄酒，在海岸边的餐馆和咖啡馆尽情享受美食之旅。

波西塔诺

波西塔诺是阿马尔菲海岸线上最受欢迎的小镇之一，也是许多爱情电影的取景地。五颜六色的小房子悬崖层层叠叠，崖下是一片银色的原石海滩，阳光明媚，花团锦簇，这一切仿佛是上帝撒下的调色盘。有作家如此描述道：“波西塔诺是一个让人难以忘怀的地方，一个梦幻般的世界。它存在时，似幻似真；它离去时，依然历历在目。”圣母升天教堂是这个小镇的象征，内部饰以带有金箔的爱奥尼亚式大写字母柱，上面刻着带翼的天使，守护着这个美丽的小镇。沿着“众神之路”徒步旅行，从山顶俯瞰整个小镇，那令人屏息的美景足以抚慰攀登山顶的辛苦。

阿马尔菲

阿马尔菲是这片海岸的中心，曾经是阿马尔菲共和国的繁荣首都，直到 1343 年的一场地震来临，整座城市几乎被夷为平地，大部分沉入大海。城市中心的主教堂，即圣安德烈大教堂，耸立在广场上。与充满浪漫与艺术的波西塔诺不同，阿马尔菲更注重质朴和独立，但同样有美丽的海景。这里盛产柠檬，能制作出著名的阿马尔菲柠檬酒。

康加德马里尼

虽然游客不多，这里却有一个令人惊叹的景点——绿洞。这个绿洞的入口位于海平面下，直到 1932 年才被当地渔夫发现。游客需乘坐景区提供的电梯或爬楼梯到达洞穴内，再乘船，才能进入绿洞。

拉维罗

从1086年到1603年，拉维罗曾经是主教驻地，当时的面积是现在的数倍，拥有100多座教堂和众多别墅。如今的拉维罗精致可爱，四周植被葱郁，中心广场上的拉维罗教堂始建于1068年，历史悠久。辛波乃别墅坐落在面朝大海的巨石上，有一个视野开阔的大露台。站在这里，俯瞰大海，仿佛进入了画中仙境。

维耶特利苏玛雷

维耶特利苏玛雷意为”海上的维耶特利”，距离港口城市萨莱诺5千米。这里是陶瓷制品的心脏，一直以来都以古罗马时代传承下来的手工彩色陶瓷闻名。在镇中心，圣若望教堂的穹顶装点着五光十色的彩色瓷砖，当阳光照射下来时，绚丽的光芒耀眼夺目。

米诺利

米诺利是一个美丽的渔村，拥有阿马尔菲海岸线上最大的海滩，还有一座拥有近两千年历史的罗马海上别墅，别墅中的水神庙仍保存着古老的湿壁画和马赛克。米诺利也因其水车和制作新鲜意面的作坊而闻名。

马约里

马约里拥有阿马尔菲海岸线上最长的沙滩。这里的海滩散发着中世纪城堡的守望之情，古堡曾是抵挡外敌的要塞，而今，它们成了观赏美景的绝佳平台。

阿特拉尼

阿特拉尼是一个小巧宜人的镇子，远离喧嚣，风景如画。这里的街道极为狭窄，无法通行汽车。每家每户的阳台上都有精心栽种的花卉，加上蜿蜒的小巷、拾级而上的柠檬树园，使小镇如诗如画。

冰岛1号公路
冰与火的奇妙碰撞

冰岛1号公路
Iceland Ring Road

冰岛1号公路又称冰岛环形公路，总长约1336千米，串联着冰岛最为壮丽和独特的自然景观。这条公路引领旅客穿越令人叹为观止的北极光、广袤无垠的冰川、宁静的峡湾以及壮丽的瀑布，为冒险者们提供了探索和欣赏冰岛自然奇观的机会。

冰岛1号公路的兴建是一项巨大的工程，始于20世纪60年代，于1974年完工，恰逢冰岛移民定居1100周年。冰岛的地理环境异常复杂，常常发生地震、火山喷发、冰川洪流等自然灾害，公路的建设过程充满了各种挑战。为了应对这些困难，工程师们采用了多种创新方法，包括建造木制或钢制的桥梁、隧道和护坡，以确保公路的稳定性和通行性。这条柏油公路相对狭窄，在大部分路段中，每个方向只有一个车道，在一些小桥路段上，甚至会出现双向的车辆需要共享一个车道的情况。

冰岛位于北极圈附近，拥有漫长的冬季，但冰岛1号环岛公路全年通行，只有东部地区的一些道路会在冰雪封锁时期关闭。夏季时，公路两旁的草原和山丘上开满了五彩斑斓的鲜花，美不胜收。公路沿途可见地热泉喷薄而出，还有众多温泉供游客享受，如著名的蓝湖温泉、惠拉盖尔济小镇的“蒸汽山谷”以及米湖温泉区。

雷克雅未克

冰岛的首都雷克雅未克坐落在一个充满地热能的地区，它的名字意为“冒烟的海湾”。这个欧洲最小的首都只有20万居民，是世界上最清洁和最安全的城市之一。雷克雅未克的房屋五彩斑斓，文化活动丰富多彩，生活节奏悠闲自在，居民们独立而友善。这座城市有一种随心而新潮的氛围，让人流连忘返。哈尔格林姆教堂是雷克雅未克最引人注目的地标，几乎从城市的任何角落都能看到它。这座教堂的外观灵感来自玄武岩熔岩流，以其独特的弧形尖顶和侧翼而闻名遐迩。

米达尔斯冰川

冰岛有着广阔的冰盖，地下隐藏着活跃的卡特拉火山。这座火山最近一次喷发在2010年。在1918年的那次喷发中，大规模的火山泥流冲入南岸，将冰岛的海岸线向南延展了5千米。由于这些火山常年被冰雪覆盖，每次爆发都会产生巨大的火山灰云。艾雅法拉冰川与米达尔斯冰川相连，属于同一火山系统。通常，一座火山爆发后，另一座火山也会相继爆发。2010年，艾雅法拉火山的大规模喷发曾一度导致欧洲的航空交通中断，一些航班延误了长达数周。火山灰的降落对农业和牲畜造成了严重危害，甚至可能对全球气候产生影响。

斯科加瀑布

诞生于两座冰川中间的斯科加河穿过山谷，沿途形成了20多道瀑布。当它流至接近海岸线，水流自60米高的断崖上倾泻而下时，形成了极为壮丽的斯科加瀑布。这道著名的瀑布水流充沛，水声轰鸣，在阳光的照射下，常常可以看到美丽的彩虹悬挂在瀑布之上。

米瓦登湖

米瓦登湖位于冰岛北部，坐落在地热区域，克拉夫拉火山就在附近。米瓦登湖的水域中散布着很多小岛，看上去宛如从天上陨落的巨石，但实际上，这些岛屿是由滚烫的岩浆流经水体时引发的蒸汽爆炸形成的。

阿克雷里

阿克雷里是冰岛第二大城市，被誉为“北方之都”。虽然位于接近北极的地方，但有两岸群山的屏障，及伸入内陆的埃亚峡湾，使得这里成为风平浪静的不冻港。阿克雷里以渔业资源丰富而闻名，是冰岛重要的渔业加工中心，生产的各类鱼产品远销世界。此外，阿克雷里还拥有地球最北的植物园，园内收集了冰岛及其他国家的2000多种植物，这座城市因此有了“北极圈边的花园城市”的美誉。

雷尼斯黑沙滩

这片壮观的黑沙滩位于冰岛南岸，是大西洋汹涌白浪与火山黝黑砂石的完美交汇，极致的色彩对比足以震撼人心。岸边的波涛之中矗立着几座奇形怪状的玄武岩。根据民间传说，有一群巨魔在黑夜将尽时试图将一艘帆船拖入大海，但阳光突然升起，巨魔来不及逃遁，就化成了这些巨石。

杰古沙龙湖

杰古沙龙湖是冰岛最著名的冰潟（xì）湖，发源自瓦特纳冰原向南延伸的一条冰舌。由于近百年来气温逐渐升高，冰舌大幅后缩，冰川融水在冲积平原上形成了一个冰川湖。形状各不相同的冰山静静地漂浮在湖面上，慢慢融化，随着湖水流向大西洋。在彻底融入海水前，大量冰块搁浅在黑沙滩上，它们闪耀着晶莹剔透的光芒，如同成千上万颗钻石撒在黑色丝绒上。虽然美景无敌，却是以冰川消融为代价。它是全球气候变暖的直观体现，提醒我们需要更加努力来保护宝贵的自然资源。

CAFE
GAS
RESTA RAN

美国66号公路

美国东西交通的传奇大动脉

美国66号公路

Route 66

66 号公路是一条穿越美国的著名公路，起点位于伊利诺伊州的芝加哥，终点在加利福尼亚州的洛杉矶，总长约 3939 千米，跨越美国 8 个州和 3 个时区。不同于那个时代横平竖直的其他公路，66 号公路以东北—西南对角线的路线横跨美国，因此，美国人民在东西向迁徙时，无论从哪条公路出发，几乎都会与 66 号公路相遇。这条公路穿越了美国的广袤土地，途中风光如画，有翠绿的玉米田、广袤的黄土地、印第安保留区、沙漠和仙人掌，处处散发着浓厚的牛仔风情。公路两旁散布着老式加油站、闪烁着霓虹灯的汽车旅馆和小酒馆，仿佛时光倒流，勾勒出怀旧的画面。66 号公路连接了许多著名景点，如画布沙漠、大峡谷、亚利桑那州的陨石洞等。这条公路见证了 20 世纪美国历史的许多重要时刻，成为美国流行文化的象征，因而被亲切地称为“母亲之路”。20 世纪末，66 号公路的交通重要性逐渐下降，但它的历史和文化价值仍然深深铭刻在人们的记忆中。

历史

美国 66 号公路的历史可以追溯到 1926 年，当时它开始修建，历时十多年才竣工。这一修建工程成了经济大萧条时期的救命稻草，提供了上万个就业岗位。随着人流量的增加，沿途涌现了许多小型企业，如加油站、餐馆和汽车旅馆，给当地居民带来了新的希望。在 1930 年代的黑色风暴时期，许多家庭从东向西迁徙，寻求新的生活。约翰·斯坦贝克在代表作《愤怒的葡萄》中，就描绘了一个俄克拉荷马农业家庭因大萧条和沙暴危机而破产，然后沿着 66 号公路前往加利福尼亚找寻出路的故事。第二次世界大战期间，加利福尼亚的军事工业急剧扩张，大量军事物资通过 66 号公路运到加州。第二次世界大战结束后，66 号公路以其沿途壮丽多姿的自然风光，极大地推动了美国旅游业的蓬勃发展，并逐渐成为美国文化不可或缺的一部分。特别是在 20 世纪 60 年代，被称为“垮掉的一代”的年轻人倾向于脱离传统束缚，选择“在路上”的生活，66 号公路成了他们的精神象征。

20 世纪 60 年代后期，州际公路的兴建使得更多人选择更快速、便捷的交通网络，66 号公路于 1985 年从美国公路系统中被抹去，原本热闹繁荣的沿途市镇也逐渐荒芜。尽管在公路地图上不再显示 66 号公路，但对这段历史的怀念一直存在。20 世纪 90 年代开始，各种致力于保护、修复历史景点的团体和协会相继成立。在各方的努力下，曾经消失的美国 66 号公路重新回到了地图上。

塞利格曼

塞利格曼小镇是电影《汽车总动员》中温泉镇的原型。小镇上保留着大量老式的路牌、商店、理发店、加油站及各种老爷车。每年春天，塞利格曼小镇都会举办“趣跑”活动，吸引数百甚至上千辆汽车从各地涌入。

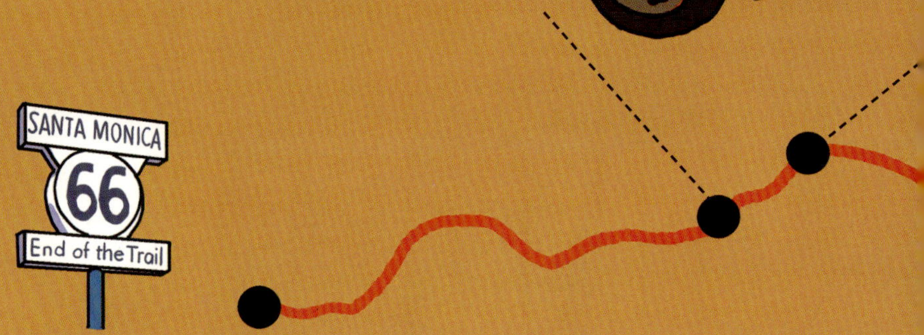

圣莫尼卡

圣莫尼卡位于洛杉矶附近，有着美丽的海滩、宜人的气候和丰富的娱乐活动，是一个知名的度假胜地。66 号公路的终点标志路牌就立在码头旁边，为这条美国的“母亲之路”画上了句号。

金曼

66号公路博物馆位于亚利桑那州的金曼，博物馆内陈列着丰富的历史图片和老款汽车，生动地展示了66号公路的演变过程，让人们更深入地了解这条公路的重要性和影响。博物馆的展览不仅是对66号公路本身的回顾，还是当地社区和居民对这条公路的深厚感情的体现。

佩恩蒂德沙漠

佩恩蒂德沙漠又被称为画布沙漠或彩绘沙漠，位于亚利桑那州北部，是一个令人叹为观止的地理景观。这个地区由色彩缤纷的地层小丘组成，形成了壮丽的自然画卷。沙漠的层状结构由易受侵蚀的沙泥岩、泥石和泥板岩构成，因此呈现出不同色彩交替的条纹。

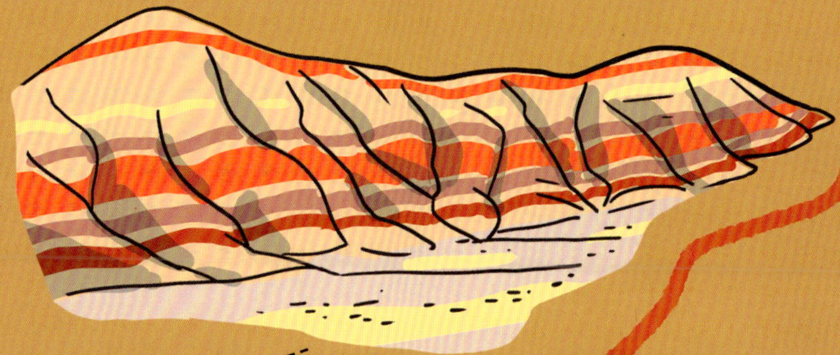

芝加哥

芝加哥位于密歇根湖畔，是金融、文化、教育和交通的国际中心，也是通往66号公路的门户城市。66号公路起点标志位于芝加哥东亚当斯街，靠近与南密歇根大道的交叉口。

巴林杰陨石坑

2～5万年前，一颗直径50米的镍（niè）铁质陨石以每秒数千米的速度撞击在亚利桑那北部沙漠中，形成了一个直径约1240米、平均深度达180米的陨石坑。19世纪60年代，美国国家航空航天局（NASA）在坑的底部中央训练航天员，为“阿波罗”号宇宙飞船登月做准备。

俄克拉荷马城

俄克拉荷马城以牛仔文化闻名，美国国家牛仔与西部文化遗产博物馆是展示美国西部历史、艺术和文化的重要机构。该博物馆收藏了大量的牛仔竞技照片和早期奖杯，拥有超过28000件艺术品和手工艺品。此外，在俄克拉荷马城的农畜产品市场或该州的牛仔竞技活动中，还可以观赏到牛仔们的竞技和骑行表演。

第五大道

世界上最繁华的大道之一

CENTRAL PARK
SOUTH
ONE WAY

第五大道

Fifth Avenue

第五大道位于美国纽约的曼哈顿岛上，是一条南北向干道，南起华盛顿广场公园，北抵第138街，全长约13千米。

第五大道是全球租金最为昂贵的零售区，被视为奢华和品味的象征，尤其是49街到60街之间的路段，被称为“梦之街”，集合了众多高级时装品牌、精品店和顶级餐厅，吸引着来自世界各地的购物者。位于82街和105街之间的路段则被命名为“博物馆一英里”，因为在这短短的距离中，就汇聚了近10家著名的博物馆和美术馆。

19世纪初，第五大道所在的区域还是一大片农田。1883年，当时的铁路大王范德比尔特在这里的一条乡间小路上大兴土木，建起了一栋极尽奢华的私人住宅。后来，越来越多的有钱人汇聚至此并建起豪宅，在这条乡间小道上拥有一座住宅逐渐成为富人身份的象征。1896年，本杰明·奥特曼在第五大道上开设了第一个商铺。1906年，本杰明·奥特曼在这里建立起第一家百货公司，这不仅推动了商业的繁荣，还深刻影响了该区域，使其逐渐形成高档购物区。

第五大道也是纽约市民举行庆祝活动的传统途经路线，在夏季的星期日是禁止汽车通行的步行街。

华盛顿广场公园

华盛顿广场公园坐落于第五大道的尽头，紧邻纽约大学，是曼哈顿格林威治村的主要地标之一。这里经常举行各种艺术表演，也是人们热衷的聚会场所。公园的中心有一座巨大的圆形喷泉和一座高23米的大理石拱门，是为纪念美国国父华盛顿就职100周年而建。

帝国大厦

帝国大厦是纽约市的标志性建筑之一，建于1931年。它高381米，共有102层，曾经保持了长达41年世界最高建筑的纪录。帝国大厦的建造代表了美国在工程技术和创新方面的能力。作为一个观景台，它能俯瞰壮丽的360°纽约市全景。1945年，一架飞机在浓雾中迷航，撞击了帝国大厦的第79层。尽管飞机燃油引发了一场火灾，延烧至第75层，但帝国大厦的结构竟仍然保持完好。

纽约公共图书馆

纽约公共图书馆的主体建筑位于第五大道，以其收藏有15世纪“西方活字印刷第一人”的古腾堡所印出的第一批拉丁文《圣经》、原版莎士比亚的《李尔王》、牛顿的《自然哲学的数学原理》等珍贵文献而被誉为世界著名图书馆之一。这座图书馆由两只石狮子守护着，它们的名字分别是“耐心”和“毅力”。图书馆的中心是位于三楼的玫瑰主阅览室，它足有一个足球场那么宽大，四外被开放式书架环绕，读者可以自由浏览馆内的藏书。许多电影，如《蜘蛛侠》《后天》，都曾以纽约公共图书馆作为背景地点。

大都会艺术博物馆

大都会艺术博物馆是美国最大的艺术博物馆，与大英博物馆、卢浮宫齐名。位于第五大道的主馆收藏了超过 200 万件艺术品，涵盖埃及、巴比伦、亚述、希腊、罗马、美洲和新几内亚等各个地区和历史时期，包括建筑、雕塑、绘画、器皿、纺织品、家具、武器、乐器等极为丰富的艺术领域。

中央公园

中央公园位于纽约市中心，是一片广阔的城市绿洲，将曼哈顿上城分为两部分：上东城和上西城。它不仅是各国游客喜爱的热门景点，也是当地人喜欢的休闲场所。你可以和朋友坐在草地上野餐，或者在中央公园找个长椅，坐下来享受宁静的时光。

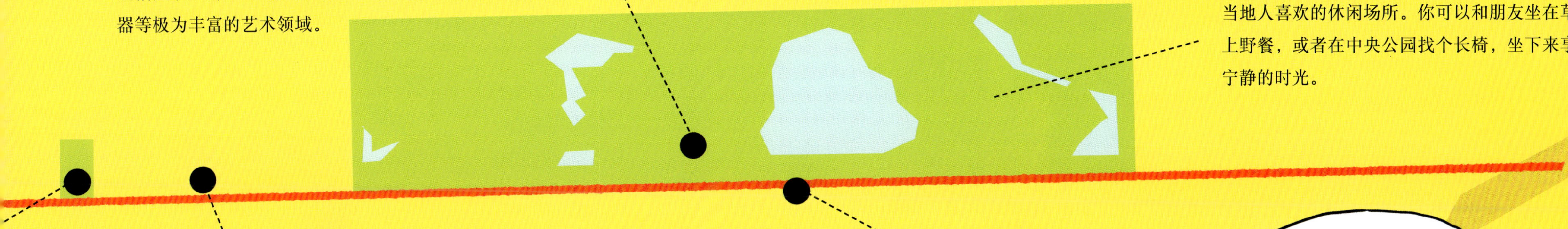

洛克菲勒中心

洛克菲勒中心是 20 世纪最伟大的都市规划之一，也是世界上最大的私人拥有的建筑群之一。这个庞大的商业和娱乐综合体由 19 栋高楼组成，内设餐厅、办公大楼、时装店、银行、邮局、书店等多种设施。此外，地下铁道穿越其中，将各个部分连接起来。建筑师巧妙地设计了广场、空地和楼梯，引导着每天超过 25 万人流畅地穿梭其中。

古根海姆博物馆

古根海姆博物馆的建筑本身就是一件艺术品，由著名建筑师弗兰克·劳埃德·赖特设计，白色螺旋形的外观好似一个巨大的海螺雕塑，跟它周围方方正正的建筑形成了强烈的对比。作为非营利的永久性机构，古根海姆博物馆为社会发展提供服务的同时，也为艺术的可能性提供了更多的机会。

阿根廷40号国道

通向世界尽头的壮美公路

ARGENTINA
SANTA CRUZ
RUTA
40

阿根廷40号国道

Ruta 40

阿根廷 40 号国道是冒险和挑战的代名词。长达 5000 多千米的道路蜿蜒在安第斯山脉旁，从南端的维尔吉内斯角一直延伸到北部胡胡伊省的拉基亚卡镇，如一条巨龙纵贯阿根廷。它沿途穿过 18 条河流，经过 23 个湖泊，连接了 200 多个城镇。这条道路被誉为“通往世界尽头的最荒凉公路”，在这里，你可能驱车数千米而不见一人；同时，它也是一条壮丽的观景大道，沿途可以见到 14 个国家公园、26 个保护区和 5 处世界遗产地。想象一下，驶过壮观的冰川、高耸的山峰，穿越火山熔岩原、纯白盐滩、五彩岩层，探访原住民遗址和西班牙殖民者的足迹，每一刻都在感叹那些变幻莫测的美丽风景。

阿根廷 40 号国道的许多部分沿着印加古道修建，这条古道当初是用来连接它广阔的领土和首都库斯科的。阿根廷 40 号国道不仅是一条通路，也见证了阿根廷的历史。

萨尔塔

萨尔塔坐落在阿根廷西北部，四面环山，是阿根廷的文化瑰宝。这座始建于 1582 年的城市，至今还保留着许多西班牙殖民时期的建筑和传统，洋溢着迷人的波希米亚风情。亮粉红色的萨尔塔教堂在城市里的诸多教堂中最为著名，不仅藏有两尊据说拥有神奇力量的圣父和圣母雕像，也埋葬着独立战争中的英雄马丁·米格尔·德·圭米斯。

格兰德斯盐沼

位于胡胡伊省的普纳高地是阿根廷 40 号国道上最高的部分，平均海拔超过 4000 米。这里的格兰德斯盐沼是仅次于玻利维亚的乌尤尼盐沼的著名大盐湖。雨后的景色尤为迷人，盐池的绿松石色泽在阳光下显得格外引人注目。这里不仅有丰富的矿藏，也是摄影师梦寐以求的场景。

伊斯奇瓜拉斯托/塔兰穆帕亚自然公园

伊斯奇瓜拉斯托 / 塔兰穆帕亚自然公园是两个彼此毗邻的自然公园，坐落在阿根廷中部彭巴山西麓的沙漠地区。这里保存着三叠纪时期最为完整的大陆化石记录，公园内的六个地质层包含了从哺乳动物先祖到恐龙，以及各种植物的化石，展现了脊椎动物的进化过程和三叠纪时期的古环境，对古生物学和地质学研究极为重要，吸引着科学家和游客来此探索和学习。

手洞

手洞也被称为洛斯马诺斯岩画，藏匿在平图拉斯河深深的峡谷中。这里的岩壁上布满了远古人类留下的手印和图画，是对过去生活的神秘见证。这些图画中，骆马的形象最古老，约创作于9000年前，那时的居民是游牧的猎人。公元前1000年左右又增添了几何图案和手印。得益于当地的石头混合骆马脂肪制成的颜料，这些图案和手印才能历经数千年未被破坏。

里奥加耶戈斯

里奥加耶戈斯是阿根廷南部最重要的城市之一，坐落于加耶戈斯河的入海口，距麦哲伦海峡约160千米，与火地岛隔海相望。港口大潮时潮水可高至16米。里奥加耶戈斯主要有肉类加工、锯木等工业，也是前往南极考察的重要中转站之一。

纳韦尔瓦皮国家公园

纳韦尔瓦皮国家公园建立于1934年，是阿根廷最古老的国家公园之一。公园内大部分地区被安第斯山脉覆盖，山间藏着湖泊和河流，瀑布倾泻而下，形成绝美的自然景观。山峰上的白雪、冰川及延绵的古老森林共同绘制了一幅湖光山色、绿树成荫的图画，呈现出一个景色秀美的自然天堂。

冰川国家公园

阿根廷冰川国家公园位于阿根廷南部，靠近安第斯山脉。这里有47个巨大的冰盖，仅次于南极和格陵兰。在众多冰川中，莫雷诺冰川最为著名。这个巨大的冰川每天都在缓缓向前推进，每隔几十分钟便有一次冰崩。巨大的冰块轰然坠入冰川湖中，激起水花和震耳欲聋的声音。

泛美公路
世界最长公路

泛美公路

Pan-American Highway

泛美公路是一条全长约 48000 千米的壮观公路系统，贯穿北美和南美，连接阿拉斯加的普鲁多湾与阿根廷的乌斯怀亚市，其长度甚至超出赤道周长。公路分为北线和南线，北线经过加拿大、美国、墨西哥和中美各国，南线则穿越南美洲的哥伦比亚、厄瓜多尔、秘鲁、智利和阿根廷，同时通过支线与玻利维亚、巴西、巴拉圭和乌拉圭等国建立联系。

自 19 世纪起，美洲各国就希望用铁路将美洲大陆连通。泛美公路的构想起始于 1923 年的美洲国家国际会议，两年后在布宜诺斯艾利斯举办了第一次泛美公路会议。但之后受经济大萧条的影响，直到 1936 年，各国才签订《泛美公路公约》，正式开始修建公路。各国负责自己国内的公路建设，墨西哥是第一个完成境内路段建设的国家。由于各国的政治立场和经济发展不均，公路的建设标准和质量各异。这导致一些路段条件良好，而另一些则较为艰难。在一些地区，它是一条现代化的高速公路，而在其他地方则是没有路肩的双轨公路，或是挤满公共汽车和卡车的道路。而且由于穿越十几个国家，因而没有统一的道路标识。时至今日，泛美公路尚有一段 87 千米长的断点，被称为达连隘口。

这条公路不仅是一条连接两洲的通道，也是历史、文化、冒险的舞台。无论是自行车手卡洛斯·桑塔玛丽亚·科瓦卢比亚斯 117 天的纪录之旅，旅行作家蒂姆·卡希尔的 23 天疾行，还是乔治·米根的 2426 天步行探险，泛美公路一直见证着人类挑战极限的勇气和毅力。

阿拉斯加公路

第二次世界大战期间，为连接阿拉斯加与本土，美国仅用七个月就完成了阿拉斯加公路的建设。阿拉斯加公路穿越加拿大和美国，全长约 2400 千米。它虽然环绕在雪峰之间，但路面大多平坦，鲜有急转弯。年代久远的柏油路面坑坑洼洼，见证了 70 余年的车辙碾轧。旅途中，驾驶者可能会偶遇北美野牛、大角羊、达尔山羊、棕熊、狐狸、兔子等野生动物。

道尔顿公路

普拉德霍湾位于美国阿拉斯加州的北端，是泛美公路北段的起点，以丰富的石油储备而闻名。道尔顿公路贯穿阿拉斯加北极海岸至内陆，全长 666 千米，只经过三个小镇，是连接石油工业的关键线路。它穿越森林、苔原至山脉，沿途没有任何餐厅、便利店或加油站，所见之处一片荒凉，是世界上最寂寞、最危险的道路之一。在这条路上，极端天气条件如北极风暴和极度低温（最低纪录 -82℃）使得驾驶充满挑战。

墨西哥路段

1950 年，墨西哥率先完成了泛美公路的国内路段。为了庆祝此成就，墨西哥政府创立了泛美公路拉力赛。这项历时 6 天、全长超过 3300 千米、横跨墨西哥的汽车赛事，旨在展示新建成的公路并吸引全球的关注和投资。但由于赛道过长和医疗救援迟缓，5 年内造成 27 人死亡，成了死亡率最高的赛事之一，因此只举办了五届就停办了。

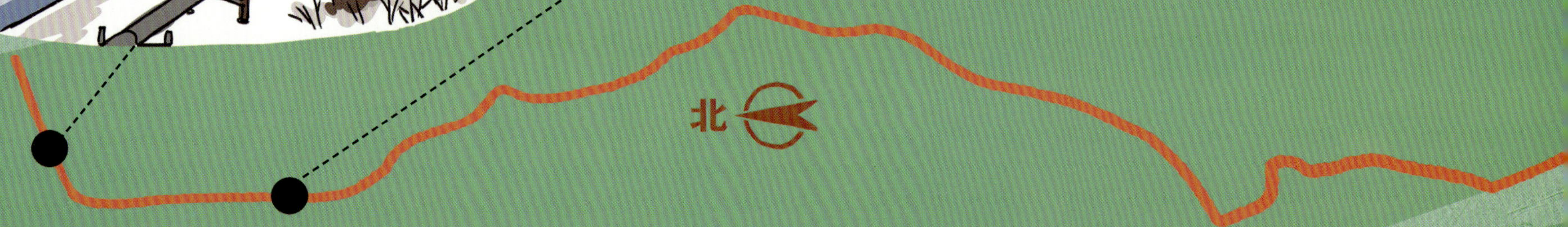

达连隘口

达连隘口是泛美公路在哥伦比亚和巴拿马边界的未连通段，长 160 千米，宽 50 千米。这一区域的地形复杂，布满沼泽和原始森林，修建公路的成本高昂且环境破坏严重，因此两国决定不在此修建公路。这里成了走私犯、毒枭和民间武装的藏身之地，也是试图非法进入北美的移民必须冒险穿越的地方。他们面临着险峻山脉、暴雨侵袭和湍急河流的挑战，许多人在这片危险区域失去了生命。

阿根廷路段

阿根廷路段从泛美公路在该国的起点，自西向东贯穿整个国家，直至首都布宜诺斯艾利斯。而从首都出发，3 号国道接棒向南延伸，穿过多样的地理景观，到达火地岛，全程约 3300 千米。火地岛的乌斯怀亚是 3 号国道的最南端，也是整个泛美公路的终点。这里因其独特的地理位置和壮观的自然景观，被誉为“世界尽头公路”。

纳斯卡线条

纳斯卡线条是一组位于秘鲁南部纳斯卡荒原的巨大地面图形，1939 年由美国考古学家保罗·科索克发现。这些图形的宽度在 400 到 1100 米，有直线、弧线和螺旋等几何图案，以及鸟、蜘蛛、猴子、猫等动物形象，创造时间可追溯至公元前 400 年。1994 年被列入世界遗产。然而，这些巨画的用途和制作方法至今仍是谜团。

阿塔卡马沙漠

智利的阿塔卡马沙漠被称为地球的“干极”，平均年降水量小于 0.1 毫米。特别是在 1845 至 1936 年的 91 年间，阿塔卡马沙漠一滴雨也未曾降下。这里的土壤不仅荒瘠且具有强酸性，连最顽强的细菌也难以存活。由于其独特的地理和气候条件，阿塔卡马沙漠被认为是地球上最接近火星的地方，因此成了美国宇航局测试最新太空探测车的理想场所。

南非花园大道
现代文明与原始自然的完美结合

南非花园大道

Garden Route

南非花园大道是一条蜿蜒、壮观的道路，横跨南非的西开普省和东开普省，以其沿途丰富多样的自然景观而闻名。这条路线从莫塞尔湾开始，沿着N2号滨海公路穿过斯托姆河上的保罗沙尔桥，直至东开普省的最西端。沿途，旅行者可以欣赏到右侧郁郁葱葱的森林、草原和国家公园，以及左侧的壮观海岸线和迷人沙滩。

南非花园大道的气候温和宜人，是南非乃至世界上最温和的气候地区。夏季气温适中，冬季则清爽舒适，不会出现极端温度。这一区域被10个自然保护区所环绕，拥有独特的海洋生态系统，是软珊瑚、海豚、海豹等海洋生物的栖息地。此外，南非花园大道沿线的海湾是濒临灭绝的南露脊鲸的栖息地，尤其在冬春季节，这些鲸鱼会来到这里繁殖，成为一道独特的自然风景线。

开普敦

开普敦是南非第二大城市，闻名于世的是其壮丽的自然景观和繁忙的海港。城市最著名的地标包括桌山，被誉为“上帝之餐桌”。开普敦在农业、渔业和石油化工业方面发展迅速。此外，这里也是众多野生动物的栖息地，包括鸵鸟、企鹅、海狗、海豹、鲸和海豚。

好望角

在苏伊士运河开通之前，好望角是欧洲通往东方的重要海上通道。这一地标最初由葡萄牙航海家迪亚士于1487年发现，并因遭遇惊涛骇浪而被命名为“风暴角”。1497年，另一位葡萄牙探险家达·伽马成功从好望角驶入印度洋，随后葡萄牙国王约翰二世将其更名为“好望角”，象征着通往东方富饶之地的希望。不过非洲真正的最南端是阿古拉斯角，国际海道测量组织将阿古拉斯角定义为印度洋和大西洋的分界点。

赫曼努斯

赫曼努斯位于印度洋与大西洋的交汇处，每年5月至11月，成群的鲸会聚集在这片海域。人们无须出海，就能在陆地上观赏到海中嬉戏的鲸鱼，其中包括罕见的南露脊鲸。赫曼努斯还保留着“报鲸人”这一世界最古老的职业之一，他们的工作是在鲸鱼出现时吹响号角，提醒游客观赏。鲸鱼跳出水面、挥舞胸鳍并转体的壮观场景，通常是它们在交流或清除寄生虫。

奈斯纳

奈斯纳位于南非花园大道沿线，是一座以华丽风景而闻名的小镇。这个度假胜地最初由英国乔治三世国王之子乔治·雷克斯建造，许多别致的欧式别墅坐落在青山绿水间，形成了一幅如画的景象。因其美丽的景色和优越的地理位置，奈斯纳有“非洲瑞士”的美誉，是南非富裕阶层度假的热门地点。每年六月下旬至七月，这里还会举办著名的奈斯纳牡蛎节，为喜爱美食的游客提供了品尝新鲜生蚝的绝佳机会。

齐齐卡马国家森林公园

齐齐卡马的名字意为“清澈的水”。公园拥有80千米的壮观岩石海岸线，融合了陡峭的悬崖峭壁与深邃的峡谷、潮汐池。这里的原始森林沿着河谷生长，使齐齐卡马国家公园成为“花园大道上的花园”。在这片充满生机的自然天堂中，游客可以体验各种娱乐和冒险活动，包括绳降、潜水、森林徒步、浮潜和划独木舟等。高约215米的布克朗桥是世界上最高的蹦极桥。作为南非最古老和最大的海洋保护区之一，这里的海洋生态丰富多样，海豚在海浪中欢快游弋，鲸也选择在这里繁殖。

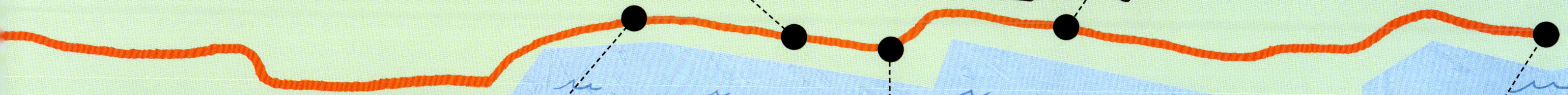

原野国家公园

原野国家公园是花园大道上最受欢迎的国家公园，以令人叹为观止的地貌和众多鸟类的栖息地而闻名。游客在这里可以欣赏到各种美丽的自然景观：蜿蜒的河流、宁静的湖泊、郁郁葱葱的森林、连绵的山脉、洁白的沙滩。春天时，这里的花朵盛开，绚丽多姿，宛如色彩斑斓的万花筒，吸引着众多自然爱好者和摄影师。

普利登堡湾

普利登堡湾是一处充满生机的海滨胜地，美丽的海滩上有独特的贝类和多样的鸟类。这里不仅是垂钓爱好者的天堂，还是观赏鲸和海豚的理想之地。

伊丽莎白港

伊丽莎白港是非洲大陆最南端的大城市，曾经的英国殖民地，白人居多，大部分是英国殖民者的后裔。这里冬暖夏凉，气候宜人。

东非大迁徙之路

壮观的野生动物之旅

东非大迁徙之路

Great Migration Route

东非动物大迁徙不是一条人为设定的路径，而是动物们在本能驱使下进行的年复一年的生存之旅。

每年的12月至次年5月，大量动物在塞伦盖蒂国家公园和恩戈罗恩戈罗保护区之间的南部草原上聚集、繁衍和休养生息，充足的雨水为它们提供着充足的食物。到了5月下旬，随着旱季来临，动物们开始向塞伦盖蒂的西北方向迁徙，寻找新的水源和食物。7、8月，干旱驱使动物群继续往北，穿越马拉河，迁往马赛马拉国家公园。10月，塞伦盖蒂草原在雨水的滋润下开始恢复，而面积只有塞伦盖蒂约十分之一的马赛马拉无法养活如此多的动物，于是它们又从东线重新向南，迁往故园，这一迁移持续到11月。每年只有三分之一的动物能够成功返回原地，还有40万新生命会在旅途中诞生。

食草动物组成了迁徙队伍的主力，通常有30万头左右斑马走在队伍的最前面，超过150万头角马居中，50万头羚羊殿后。它们和谐相处，配合默契：斑马爱吃草的上半部，角马吃草的下半部，羚羊则在角马吃完后，吃贴近地面新长出来的嫩芽。三大主力动物群加上狮子、猎豹、鳄鱼和豺狗等食肉动物，组成了两三百万的庞大队伍，在东非草原上留下了浩浩荡荡的足迹和每天约450吨的粪便。

近年来，大量游客的到来和数千米长的越野车队伍已经对这一自然现象产生了不良影响，有时甚至阻碍了动物们过河的路线。

塞伦盖蒂国家公园

“塞伦盖蒂”在马赛语中意为“无边的平原”。塞伦盖蒂国家公园位于东非大裂谷以西，距阿鲁沙西北约130千米，北部直达肯尼亚边境，西部狭长地带伸至维多利亚湖。公园占地面积达14750平方千米，包括广袤的草地平原、稀树草原、沿河森林和林地，属于热带草原气候，海拔高度920米至1850米。这个地区有着世界上最庞大的动物自然生态系统。1940年成为保护区，1951年正式成为国家公园，并于1981年被列为世界遗产。

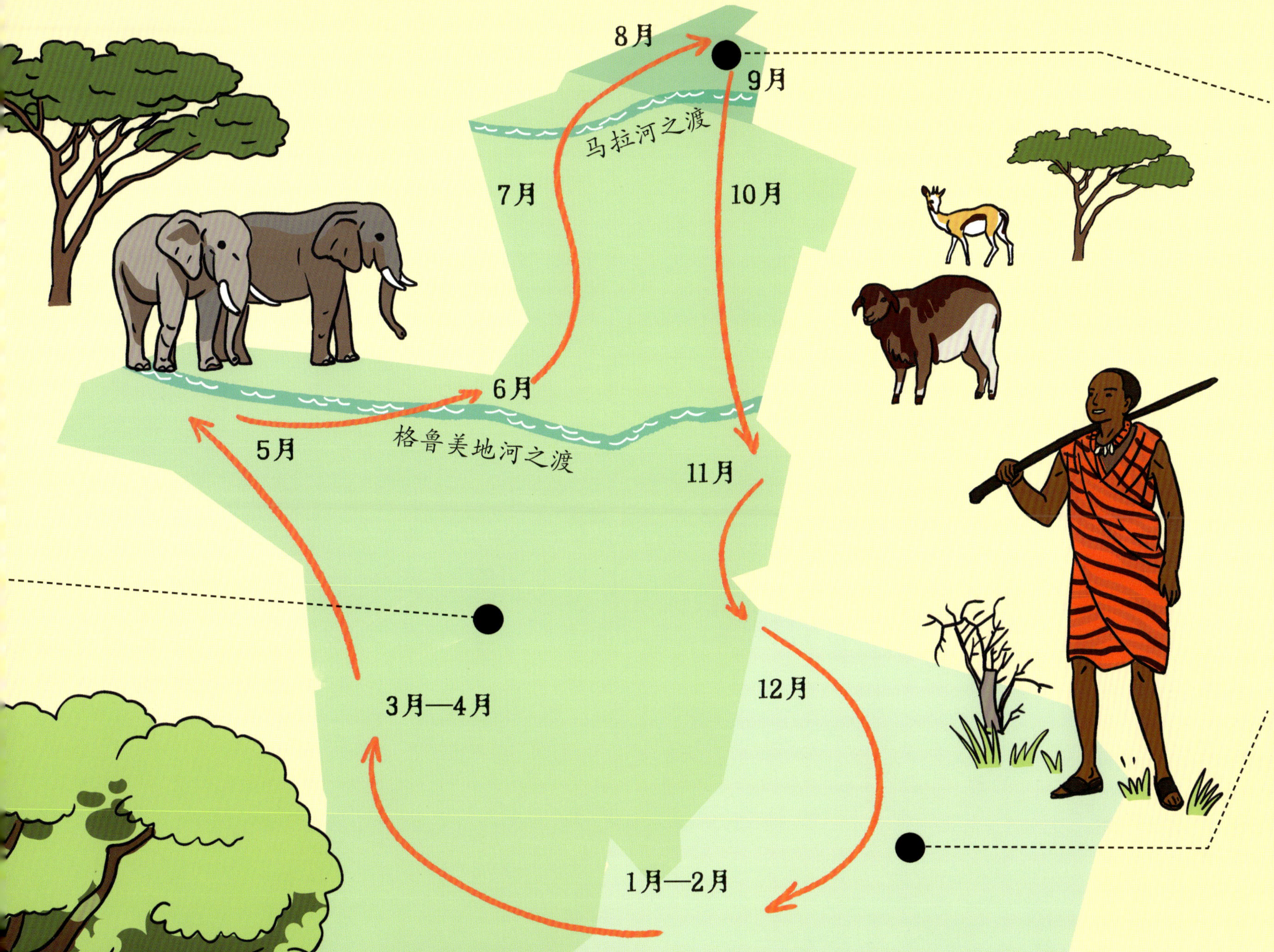

马赛马拉国家公园

马赛马拉国家公园位于肯尼亚，占地面积达1800平方千米。公园由广阔的草原、森林和河岸林地组成，生活着95种哺乳动物和450种鸟类，包括狮子、豹、大象、长颈鹿和斑马等，是动物最集中的栖息地之一，也是生物多样性丰富的荒野。

马拉河及其支流穿越公园，形成了独特的自然风光。旱季时河流清澈平静，雨季则变得汹涌澎湃，携带泥沙和树枝，潜伏着鳄鱼、河马等大型凶猛动物，成为食草动物迁徙过程中极为险恶的障碍。迁徙队伍通过马拉河也被称为“天国之渡”。

马赛族是东非著名的部落之一，被认为是哈米特人的后裔，几百年前南下寻找水源和草场，来到肯尼亚与坦桑尼亚边境。马赛人身着传统的赭色长袍，染红发，手持长矛和手杖，以牧牛为生，与这里的动物们共同生活在这片古老而丰富的大地上。

恩戈罗恩戈罗保护区

恩戈罗恩戈罗火山口是世界上第二大火山口，被誉为“非洲的伊甸园”。这座火山已有200万年没有喷发。在它活跃的时期，多次喷发造成了顶峰的消失，留下了一个巨大的碗形火山口。火山口的自然屏障隔离了大部分外来动物，形成了一个独立的生态系统，这里的野生动物得以繁衍生息。每年春天，数百种鸟类会迁徙到这里，其中最引人注目的是成群的火烈鸟，它们的粉红羽色覆盖着整个湖面，营造出一幅令人炫目的自然画卷。

曼雅拉湖国家公园

曼雅拉湖国家公园位于东非大裂谷的一个分支上，海明威在《非洲的青山》中称赞其为“非洲最可爱的地方”。这个公园以曼雅拉湖为中心，周围是茂密的丛林和草原，孕育了多种野生动物。这里的大象、斑马、水牛和长颈鹿常在草原上觅食，这里的狮子以其独特的爬树技能而闻名，常常可以看到它们一起在树上休息。

大洋路

大洋洲最雄伟的沿海公路

大洋路

Great Ocean Road

大洋路是一条位于澳大利亚维多利亚州西南部的沿海公路，从墨尔本西南的托尔坎小镇起始，延伸到瓦南布尔，全长近300千米。这条公路连接了许多绮丽的风景，其建设始于1919年，1932年完工。

大洋路沿线的风景丰富多变，西部曾是火山活动的地区，如今已成为辽阔的荒原，散布着火山锥、湖泊和火口湖。东部则是风景秀丽的奥特威山脉，那里气候湿润凉爽，有茂密的森林和肥沃的农田。大洋路沿着巴斯海峡的悬崖峭壁蜿蜒而行，提供了壮丽的海景和丰富的海滩活动，沿途还有许多迷人的海滨小镇和渔村。

大洋路的景点分为三段：从托尔坎到阿波罗湾的“冲浪海滩”段，主要沿着海岸线；从阿波罗湾到普林斯顿的“绿色雨林”段，路线穿过内陆和大奥特维国家公园；从普林斯顿到彼得伯勒的“沉船海岸”段，再次回到海岸线，为美景最集中的路段。

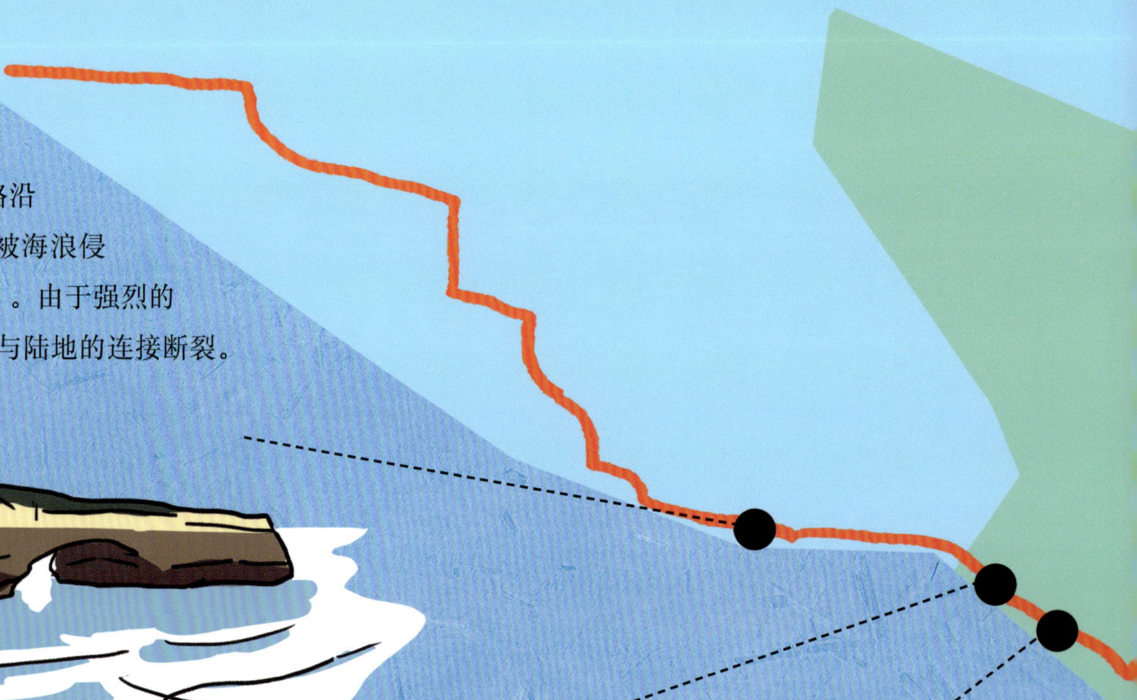

伦敦断桥

伦敦断桥位于十二门徒石附近，是大洋路沿线的著名景观。这座横卧的岩石曾经有两个被海浪侵蚀的圆洞，形似双拱桥，故起名为“伦敦桥”。由于强烈的海浪侵蚀，桥的一部分于1990年坍塌，导致与陆地的连接断裂。于是人们现在把它称为“伦敦断桥”。

十二门徒石

十二门徒石是位于澳大利亚坎贝尔港国家公园内的一组壮观的海上石柱，因其数量和形态与耶稣的十二门徒相似而得名。这些石柱由过去1000到2000万年间南极圈强风和海浪对较软的石灰岩不断侵蚀和雕琢而形成。原本的崖体被侵蚀成洞穴，再发展为拱门，最终从海岸分离出来，形成独立的石柱。随着持续的侵蚀，一些石柱已经倒塌，目前仅剩7座。

洛克阿德峡谷

洛克阿德峡谷也被称为沉船峡谷，位于巴斯海峡。19世纪曾是一条重要的航运通道，用于补给船只及运送罪犯或移民到维多利亚州和新南威尔士州的殖民地。这个峡谷的地形狭窄崎岖，还有强烈的风浪，在当时航海技术不发达的情况下，船只经常沉没在此。1878年，一艘名为“洛克阿德号”的英国移民船在前往墨尔本途中触礁遇难，造成50多人死亡。此后这个地方便被命名为洛克阿德峡谷，以纪念遇难者。

图书在版编目（CIP）数据

传奇之路 / 瞿澜编绘. -- 北京 : 电子工业出版社,
2025. 1. -- ISBN 978-7-121-49212-9
Ⅰ. K103-49
中国国家版本馆CIP数据核字第20244UM786号

责任编辑：范丽鹏
印　　刷：北京尚唐印刷包装有限公司
装　　订：北京尚唐印刷包装有限公司
出版发行：电子工业出版社
　　　　　北京市海淀区万寿路173信箱　邮编：100036
开　　本：889×1194　1/8　　印张：10.5　　字数：231千字
版　　次：2025年1月第1版
印　　次：2025年1月第1次印刷
定　　价：98.00元

凡所购买电子工业出版社图书有缺损问题，请向购买书店调换。若书店售缺，请与本社发行部联系，联系及邮购电话：（010）88254888，88258888。
质量投诉请发邮件至zlts@phei.com.cn，盗版侵权举报请发邮件至dbqq@phei.com.cn。
本书咨询联系方式：（010）88254161转1852，zhaoy@phei.com.cn。

大奥特维国家公园

大奥特维国家公园是一片自然奇观，拥有蜿蜒的海岸线、柔软的沙滩、岩石平台和风蚀的石南野地。公园的北部以高大的森林、蕨类植物繁茂的溪谷、壮观的瀑布和宁静的湖泊而闻名。由于公园内鸟类种群丰富（有粉红色的知更鸟和棕红刺毛等），大奥特维国家公园被国际鸟类保护协会列为重要鸟类保护区。在这片梦幻般的森林中，游客还可以观察到无尾熊、袋鼠和鹦鹉等野生动物。

园内有长达 91 千米的步行路线。“树顶漫步”通过高架的钢结构栈道，让游客在 30 多米的高度上来欣赏森林的美景，是世界上最高、最长的高架步道。

托尔坎

托尔坎是大洋路的起点，也是澳大利亚的“冲浪之都”。

托尔坎的冲浪博物馆展示了澳大利亚冲浪的历史和发展，其中包括各种旧式冲浪板，甚至有百年历史的木板。博物馆还介绍了许多冲浪界的名人和传奇人物。托尔坎最著名的景点是贝尔斯海滩，以大风和巨浪而闻名，非常适合冲浪爱好者。每年这里都会举办世界冲浪锦标赛，吸引了众多冲浪高手和观众。

奥特韦角灯塔

奥特韦角灯塔建于 1848 年，是澳大利亚最古老的灯塔。它高 21 米，建在高出海平面 70 米的山坡上，为这片危险海域提供了宝贵的指引。

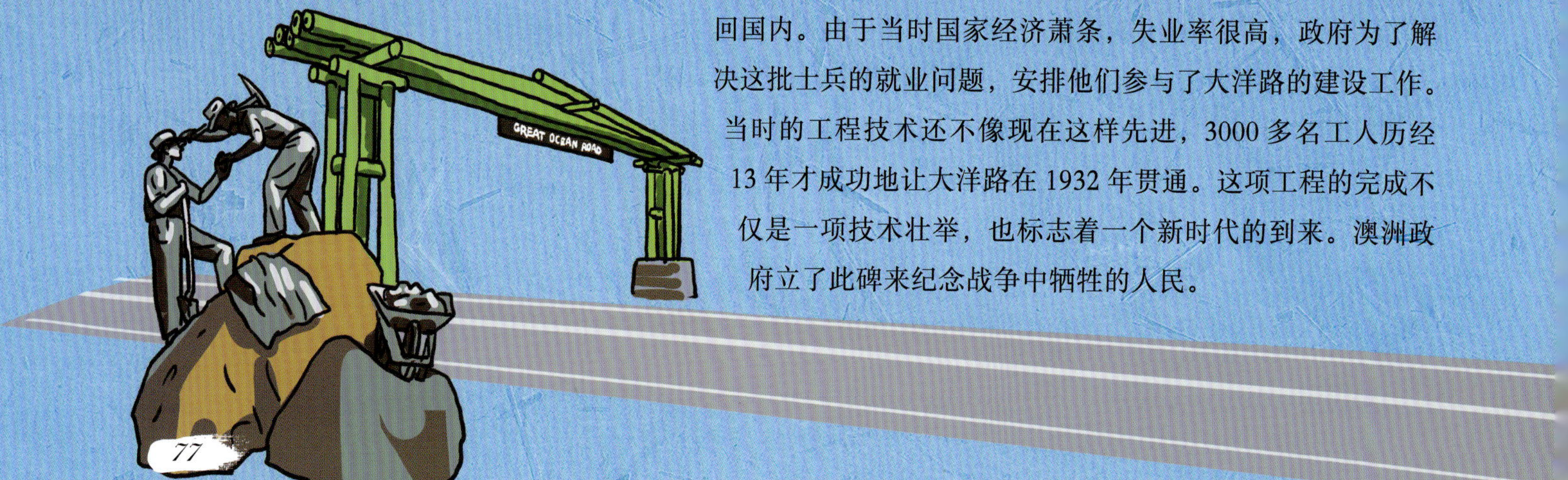

大战纪念碑

第一次世界大战后，约有 5 万名澳大利亚士兵从英国返回国内。由于当时国家经济萧条，失业率很高，政府为了解决这批士兵的就业问题，安排他们参与了大洋路的建设工作。当时的工程技术还不像现在这样先进，3000 多名工人历经 13 年才成功地让大洋路在 1932 年贯通。这项工程的完成不仅是一项技术壮举，也标志着一个新时代的到来。澳洲政府立了此碑来纪念战争中牺牲的人民。